Friedrich Loofs

Zur Chronologie der Briefe des Basilius von Caesarea

Friedrich Loofs

Zur Chronologie der Briefe des Basilius von Caesarea

ISBN/EAN: 9783744671538

Hergestellt in Europa, USA, Kanada, Australien, Japan

Cover: Foto ©ninafisch / pixelio.de

Weitere Bücher finden Sie auf **www.hansebooks.com**

ZUR CHRONOLOGIE

DER BRIEFE DES

ASILIUS VON CAESAREA.

EINE PATRISTISCHE STUDIE

VON

Dr. FRIEDRICH LOOFS.

OSTERPROGRAMM
DER UNIVERSITÄT HALLE - WITTENBERG
1898.

HALLE a. S.
MAX NIEMEYER.
1898.

In der „Zeitschrift für Kirchengeschichte" ist vor zwei Jahren ein Aufsatz erschienen,[1]) der nicht nur in Bezug auf die Chronologie der Verhandlungen zwischen Basilius und dem Occident zu gänzlich anderen Resultaten kommt, als einst die noch heute die wissenschaftliche Tradition beherrschenden Arbeiten von Tillemont[2]) und Garnier,[3]) sondern auch für die Datierung aller Basiliusbriefe und damit für die Chronologie des Lebens des Basilius, des Eustathius von Sebaste, des Gregor von Nyssa und anderer, ja für die Datierung vieler sonstigen Ereignisse der Kirchengeschichte der Jahre 360—380 von umstürzender Bedeutung wäre, wenn er Recht hätte. Es ist wünschenswert, dass die Haltlosigkeit dieser neuesten, fleissigen Bemühungen um die Datierung der Basiliusbriefe klargelegt werde, ehe sie Verwirrung stiften.

Die 365 Briefe von und an Basilius, welche Garniers Ausgabe bietet, sind handschriftlich als eine chronologisch ungeordnete Masse auf uns gekommen.[4]) Der Ordnung dieser

---

[1]) V. Ernst, „Basilius des Grossen Verkehr mit den Occidentalen" Bd. XVI, 626—664.

[2]) Mémoires IX, Saint Basile.

[3]) Vita S. Basilii vor Bd. III seiner Ausgabe der opp. Bas., Paris 1730.

[4]) Freilich bietet schon die handschriftliche Ueberlieferung ein corpus epp. Basilii, und die Zahl der Briefe in den reichhaltigsten Handschriften kommt der Garniers fast gleich: Garnier benutzte (s. Bd. III, p. CXCII) den cod. Coislin. 237 mit 351 Briefen (vgl. Montfaucon, Bibl. Coislin. p. 297; Omont, Inventaire sommaire des Ms. grecs etc. III, 160), einen Harlaeanus mit 249 Briefen (steht im Catalogue of the Harleian MSS. in the British Museum 1808—12 nicht mehr), einen Medicaeus mit 323 Briefen (trotz der Differenz der Zahl der Briefe wohl = Laurent. 14 bei Bandini I, 539, der bis ep. 344 zählt), den Coislin. 288 mit 328 Briefen (der verschwunden ist), den Regius 2897 (nach Omont, Invent. I, 189 = Catal. Bibl. reg. II, 191 cod. 971) mit 334 Briefen, den cod. Regius 2293 olim Mazarini mit 272 Briefen (trotz der Differenz der Zahl der Briefe = Catalog. Bibl. reg. II, 78 f., Omont, Invent. I, 63); in Bezug auf die Hss., aus denen er variae lectiones hatte, giebt er selbst die Briefzahl an bei einem mir nicht identificierbaren Vaticanus (327 Briefe), für den Claromontanus (= Philippic. 1427, olim Clarom. 96, nunc Berolinensis) giebt sie der Katalog der Codices Philippici graeci von Studemund und Cohn (S. 7

1*

Masse, soweit sie möglich war — viele unwichtige Briefe
sind undatierbar —, haben Dupin,[1]) Tillemont und Garnier
in grundlegender Weise sich angenommen, und Garniers An-

Nr. 23): 248; von den Garnier unbekannt gebliebenen, bei Fabricius-Harles,
Bibl. graeca IX, 56 f. aufgeführten Handschriften bietet der Augustanus
(Nr. 39 bei Reiser, Index MSS. p. 16—20) 348, der Vindobonensis Nr. 75
(Lambecius - Kollar III, 358 — 71) 270, der Venetus Marcianus Nr. 61
(Zanetti I, 42) 274, der Venetus Marc. Nr. 79 (ibid. I, 55) 338 Briefe, und
der Medic.-Laurentian. Plut. 57 Nr. 7 (Bandini II, 347) hat wenigstens
ursprünglich 273 Briefe enthalten. Allein so wahrscheinlich es ist, dass
für die Ueberlieferungsgeschichte der epp. Basil. und für die Klassifikation
der Handschriften etwas dabei herauskäme, wenn man der Anordnung der
Briefe in den Hss. nachgienge, — für die Chronologie der Briefe würde
diese Arbeit fast ganz ohne Ertrag sein. Für die Ueberlieferungsgeschichte
würde es interessant sein, wenn sich ergäbe, dass alle Hss. auf ein corpus
epp. S. Basilii zurückgehen. ·Obgleich mir die Anordnung der Briefe nur
in wenigen Hss. übersehbar ist — bei dem Augustanus, dem Vindobonensis
und dem Philippicus Berolinensis geben die Kataloge die handschriftliche
Reihenfolge der Briefe vollständig, bei einigen anderen Codd. hat man
Angaben über die Stellung einzelner Briefe, und der ordo vetus epistolarum
(vgl. Garnier III, p. CXCVIII sqq.) ist bis ep. 180 mit der Anordnung der
einfach die Hss. abdruckenden älteren Ausgaben (Basel 1551 liegt mir
vor; die von Garnier übersprungenen Nummern sind Briefe Gregors von
Nazianz) identisch, während die Nachträge der Pariser Ausgabe von 1618,
weil die schon vorhandenen Briefe hier wegbleiben, die Anordnung der
Hss. nur vereinzelt erkennen lassen —, ist dies Zurückgehen aller hand-
schriftlichen Sammlungen auf ein corpus mir nicht unwahrscheinlich. Für
die Chronologie aber würde es von geringem Nutzen sein, dies corpus
zu rekonstruieren. Zwar haben bei seiner Zusammenstellung Erwägungen
über die Zeitfolge der Briefe nicht ganz gefehlt: im Medic. Laurent. Plut. 57
Nr. 7 steht Nr. 1 der Reihenfolge Garniers an der Spitze, und die Ueberschrift bemerkt: πρὸ τοῦ πρεσβίτερον καταστασθῆναι, in anderen Hss.
ist Garnier Nr. 2 der erste der Briefe, und unter den im ursprünglichen
corpus wohl stets, in den Hss. nicht immer vollständig aneinander gereihten
Briefen an einen Verfasser stehen gelegentlich die voran, die wirklich
die älteren sind; allein die ganze Anordnung ist nicht eine chronologische:
sie fügt die Briefe nach den Adressaten und nach sachlichen Gesichts-
punkten, wo diese Instanzen versagen, willkürlich zusammen, und wenn
auch im Detail chronologische Erwägungen wohl nicht ganz gefehlt haben,
so sind doch auch da, wo man solche Erwägungen annehmen möchte, die
Verstösse gegen die richtige Zeitfolge so gross, dass die handschriftliche
Anordnung stets, auch in den wenigen Fällen, da man ihr Zeugnis an-
zurufen geneigt sein könnte, ein verdächtiger Eideshelfer bleibt.

[1]) Nouvelle bibliothèque des auteurs ecclésiastiques, 2. Aufl., Paris
1693, II, 154—160.

ordnung der Briefe, die als eine revidierte Tillemontsche bezeichnet werden kann, hat so allgemeines Zutrauen sich er-
worben, dass die Forschung noch gegenwärtig vielfach mit ihr
so operiert, als seien die Briefe einst mit dem Garnierschen
Datum expediert worden. Es erklärt sich dies daraus, dass
einzelne Abweichungen von Garnier bei der engen Zusammengehörigkeit vieler Briefe gefährlich sind,[1]) eine Nachprüfung
der gesamten Tillemont-Garnierschen Datierung aber dadurch
ungemein erschwert ist, dass Tillemont wie Garnier ihre
Argumentationen zum grössten Teil in ihre Darstellung des
Lebens des Basilius verwoben, ja vielfach in derselben versteckt haben. Bei einzelnen Briefen haben Tillemont wie
Garnier ausdrücklich eine Rechtfertigung ihrer Ansätze gegeben; aber das Ganze ihres chronologischen Aufbaues ist
nirgends übersehbar. Daher hat man meinen können,[2]) die
entscheidendste Instanz für Garniers Datierung sei die Voraussetzung gewesen, dass die bischöfliche Amtszeit des Basilius
von 370 bis zum 1. Januar 379 gedauert habe, während faktisch
Garniers Datierung von dieser Voraussetzung viel unabhängiger
ist, als Garnier erkennen lässt und vielleicht auch selbst
gemeint hat.

Der Forschung kann daher nur mit einer solchen neuen
Untersuchung zur Chronologie der Basiliusbriefe gedient sein,
die möglichst deutlich die unverrückbaren Linien hervortreten
lässt, mit denen alle Datierungsversuche rechnen müssen. Dies
Ziel kann zweifellos von verschiedenen Ausgangspunkten aus
und auf verschiedenen Wegen erreicht werden. Darüber aber
kann m. E. kein Zweifel sein, dass der sicherste und überseh-
barste Weg derjenige ist, den eine Untersuchung der Beziehungen zwischen Basilius und Eustathius uns führt. Ob
Tillemont und Garnier dieser Bedeutung der Kontroverse
zwischen Basilius und Eustathius sich bewusst geworden sind,
vermag ich allerdings nicht zu sagen — ich bezweifle es —;
aber ich hoffe zu zeigen, dass ich nicht zuviel behauptet habe.

---

[1]) Auch Ernst würde das erfahren haben, wenn er alle datierbaren
Briefe dem chronologischen Rahmen der von ihm untersuchten und zum
grössten Teile neu datierten Briefe einzufügen versucht hätte. Die Undurch-
führbarkeit seiner Konstruktion würde ihm dann offenbar geworden sein.
[2]) Ernst a. a. O. 651.

Den sicheren Ausgangspunkt bietet ep. 251, ein Brief des Basilius an die Einwohner der Caesarea nahe gelegenen Stadt Εὔαισαι.[1]) Er ist zu einer Zeit geschrieben, da die Feindschaft zwischen Basilius und Eustathius bereits ihren Höhepunkt erreicht hatte: Eustathius steht, wie Basilius sagt, offen in Kirchengemeinschaft mit den den orthodoxen Bischöfen entgegenwirkenden Häretikern, den Gesinnungsgenossen des Euhippius, der einst mit Eudoxius (von Konstantinopel), Georg (von Laodicea) und Acacius (von Caesarea Palaestinae) die (homöische) Konstantinopolitaner Synode (von 360) geleitet hatte. Basilius lobt die Eväsener, dass sie den Verleumdungen seiner Gegner kein Ohr geliehen hätten, und schildert, wie wetterwendisch Eustathius in dogmatischer Hinsicht sich erwiesen habe. Als ersten Beweis dieser dogmatischen Charakterlosigkeit führt Basilius dabei an, dass Eustathius jetzt eines Sinnes sei mit den Parteigenossen des Euhippius, obwohl er einst das von der Konstantinopolitaner Synode gegen ihn ausgesprochene Absetzungsurteil als ein Urteil von Häretikern für ungiltig erklärt habe. Ταῦτα ἐγένετο πρὸ δέκα καὶ ἑπτὰ οὐχ ὅλων ἐτῶν, so bemerkt Basilius bei Erwähnung jener Synode in Konstantinopel in unmittelbarem Zusammenhange mit der Mitteilung über die Leiter derselben.[2]) Dass die Synode in Konstantinopel, an welche Basilius hier denkt, diejenige ist, die nicht lange nach dem Konzil von Seleucia tagte, kann nicht dem geringsten Zweifel unterworfen sein,[3]) und über die

---

[1]) Vgl. Ramsay, Hist. geogr. of Asia min. S. 304; Bas. ep. 278.

[2]) Ep. 251, 2 p. 386 DE.

[3]) Dass Basilius an diese Synode denkt, macht schon der Context und vollends eine Vergleichung von ep. 251, 2 mit 263, 3 p. 406 B gewiss, und dass Eustathius durch diese Synode abgesetzt wurde, ist auch durch Sozomenos (4, 24, 9), Sokrates (2, 43, 1) und Philostorgius (5, 3) — unabhängig von Basilius — bezeugt. Wenn sich in Basil. ep. 244, 6 p. 380 B die Angabe findet, Eustathius sei πεντακοσίων ἐπισκόπων δόγματι abgesetzt, so kann dies, obwohl in ep. 244, 6 dieselbe Synode gemeint ist, wie in 251, 2 und 263, 3, und obwohl 360 in Konstantinopel nach Sozomenos (4, 24, 1) anfangs nur 50, nach dem Chronicon paschale (ad annum 360) später nur 72 Bischöfe gegenwärtig waren, keine Gegeninstanz sein: es liegt ep. 244, 6 entweder — was trotz des τοσούτων εἰς τὴν τῆς καθαιρέσεως . . . γνώμην συμφωνησάντων (ep. 244, 6 p. 380 B) möglich ist — ein Textfehler, oder eine Uebertreibung des Basilius vor.

Zeit dieser Synode sind wir durch den genau übersehbaren Zusammenhang der Ereignisse[1]) und durch ausdrückliche Angaben[2]) so sicher unterrichtet, wie es bei wenigen Ereignissen des vierten Jahrhunderts der Fall ist: die Synode war im Januar und Februar 360 in Konstantinopel versammelt. Da nun Basilius unter den Führern derer, die Eustathius absetzten, an erster Stelle den Eudoxius nennt, mithin angenommen werden darf, dass Eudoxius die betreffenden Verhandlungen leitete, so muss, da Eudoxius erst als Bischof von Konstantinopel als Synodalleiter fungiert haben kann und erst am 27. Januar 360 auf den Bischofsstuhl der Hauptstadt erhoben ist,[3]) die Absetzung des Eustathius, welche Basilius in ep. 251, 2 im Sinne hat, auf den Februar 360 datiert werden. Ep. 251 ist nicht ganz 17 Jahre später, also Ende 376 geschrieben worden.[4])

Ueber die Ereignisse, welche dem Konflikt zwischen Basilius und Eustathius die Schärfe gegeben hatten, die in ep. 251 hervortritt, enthält der Brief selbst eine chronologisch sehr wertvolle Andeutung. „Was das aber für Leute sind," so schreibt hier[5]) Basilius, „die sie im Vorjahre (πέρυσιν) aus Galatien in der Meinung herbeiholten, durch sie zu rücksichtsloser Ausübung ihres bischöflichen Amtes die Möglichkeit zu gewinnen, das wissen alle, 'die nur ein wenig mit ihnen zu thun gehabt haben. Ich möchte nicht, dass mir der Herr je soviel Musse gäbe, dass ich Zeit hätte, ihre Uebelthaten aufzuzählen. Gleichwohl haben diese, nachdem sie im Ehrengeleit bei jenen hochangesehener und mit ihnen eingeschworener Trabanten eingeholt waren, deren ganze Gegend durchzogen,

---

[1]) Vgl. meinen Artikel „Arianismus" in der Real-Encyklopädie für protest. Theol., 3. Aufl., II, 36 f.

[2]) Vgl. Clinton, Fasti Romani I, 445.

[3]) Chron. pasch. ad ann. 360.

[4]) Tillemont (IX, 678 not. LXXVIII) irrt zwar, wenn er meint, die nicht ganz 17 Jahre müssten eigentlich von den Deklamationen an gezählt werden, die Eustathius seiner Absetzung entgegensetzte. Darin aber hat er — ganz abgesehen von seinen Gründen — Recht, dass ep. 251 gegen Ende des Jahres 376 geschrieben sein muss. Garniers (vita 36, 4 p. CLXIII a A) Zurückweisung des Briefes auf den Juli oder August 376 ist unberechtigt.

[5]) Ep. 251, 3 p. 357 CD. Der Mignesche Nachdruck bietet im Eingange der oben citierten Stelle den Druckfehler οὐδὲ anstatt οὓς δὲ.

wie Bischöfe geehrt und behandelt! In öffentlichem Aufzuge wurden sie hineingeführt in die Stadt und redeten mit Würde zum Volke. Denn preisgegeben wurde ihnen das Volk, preisgegeben der Altar. Wie sie dann, nachdem sie — bis Nikopolis gekommen — keine ihrer Versprechungen hatten verwirklichen können, wieder zurückgezogen sind, und wie sie auf dem Heimwege sich benommen haben, das wissen, die dabei gewesen sind." Was hier angedeutet ist, wird erkennbarer aus sieben anderen Briefen: 237 und 239 an den nach Thrazien[1]) exilierten Bischof Eusebius von Samosata, 244 und 250 an Bischof Patrophilus von Aegaeae,[2]) 231 und 232 an Amphilochius von Ikonium und 225, einem Briefe der kappadozischen Bischöfe an Demosthenes, den Vicar der pontischen Diözese. In ep. 237 giebt B. dem entfernten Freunde eine chronologisch höchst wertvolle Erzählung der Geschehnisse nach der Zeitfolge; Brief 232 ist besonders wichtig, weil die Jahreszeit seiner Abfassung genau erkennbar ist: er beantwortet eine gleich nach dem Epiphaniasfest[3]) expedierte Sendung des Amphilochius augenscheinlich gleich nach Eingang derselben, muss also Mitte Januar oder etwas später geschrieben sein.[4]) — Die Reihenfolge der in Betracht kommenden Ereignisse ist folgende:[5]) der Vicarius Demosthenes ist nach Kappadozien, und zwar gleich auch nach Caesarea, gekommen, hat dann mitten im Winter ($\dot{\varepsilon}\nu$ $\mu\dot{\varepsilon}\sigma\omega$ $\tau\tilde{\omega}$ $\chi\varepsilon\iota\mu\tilde{\omega}\nu\iota$) in Galatien eine Synode zusammentreten lassen; auf dieser galatischen Synode ist Bischof Hypsis von Parnassus abgesetzt, Ecdicius, ein Mann nach dem Herzen der Hofbischöfe,[6]) mit dem Bistum betraut, Gregor von Nyssa

---

[1]) Vgl. ep. 239, 2 mit ep. 181.

[2]) Zwischen Pergamus und Magnesia, vgl. Ramsay a. a. O. S. 116 f. Ep. 250 ist mehrere Wochen jünger als ep. 244; vgl. 250 initium.

[3]) Dass bei der $\dot{\alpha}\nu\dot{\alpha}\mu\nu\eta\sigma\iota\varsigma$ $\tau\tilde{\eta}\varsigma$ $\sigma\omega\tau\eta\varrho\acute{\iota}ov$ $oi\varkappa o\nu o\mu\acute{\iota}\alpha\varsigma$ in ep. 232 p. 355 B an das Epiphaniasfest und nicht mit Dupin (II, 169) und Garnier (vita 35, 1) — Tillemont (IX, 248) lässt die Frage offen — an das Weihnachtsfest zu denken ist, folgt daraus, dass Basilius das Weihnachtsfest noch nicht kannte (vgl. Usener, Religionsgeschichtliche Untersuchungen I, 242 ff.).

[4]) Die Entfernung Ikoniums von Caesarea beträgt ca. 330 Kilometer; vgl. die Karten bei Ramsay.

[5]) Nach ep. 237, 2. Wenn Stellen aus anderen Briefen verwertet sind, sind sie ausdrücklich angeführt.

[6]) Vgl. ep. 226, 2 p. 347 A.

ist von einem einzigen unangesehenen Manne, Philochares,[1])
angeklagt, der Vicar hat dann Befehl gegeben, ihn durch
Militär in Nyssa aufzunehmen (und vor seinen Richterstuhl zu
stellen); Gregor ist den Soldaten zunächst gefolgt, hat dann
aber, unter ihrer Rücksichtslosigkeit und unter der Kälte
leidend, auf dem Transport sich der Eskorte entzogen und
an einen sicheren Ort sich geflüchtet[2]) — bis hierher nur[3])
setzt ep. 231, die älter ist als ep. 232, also spätestens Anfang
Januar geschrieben ist, die Ereignisse voraus —; der Vicarius
ist dann, nachdem er kurze Zeit durch militärische Dinge in
Anspruch genommen war, abermals[4]) in Caesarea erschienen,
hat dort, den Privilegien, welche die Kirche hatte,[5]) zum
Trotz, alle Kleriker dem städtischen Senat (als Mitglieder)
überwiesen und hat dann für längere Zeit ($\pi o \lambda \lambda \grave{\alpha} \varsigma \ \dot{\eta} \mu \acute{\epsilon} \varrho \alpha \varsigma$) in
Sebaste seinen Aufenthalt genommen und dort mit der Regelung
des Ständewesens sich beschäftigt,[6]) dabei hat er die Partei-
gänger des Basilius zu Ratsmitgliedern nominiert und sie ver-
urteilt, der komunalen Verwaltung zu dienen, die Anhänger
des Eustathius aber mit grössten Ehren bedacht;[7]) danach hat

[1]) Ep. 225 p. 344 D.
[2]) Ep. 225, bald nachher geschrieben.
[3]) Vgl. unten S. 10 Anm. 2.
[4]) Vgl. über das $\pi \acute{\alpha} \lambda \iota \nu$ in ep. 237, 2 p. 365 E Garnier vita 34, 2 p. CLIV.
[5]) Vgl. ep. 104 mit Garniers nota k.
[6]) Basilius gebraucht zwar (vgl. Garniers nota f p. 365) das Verbum
$\varphi v \lambda o \varkappa \varrho \iota \nu \epsilon \tilde{\iota} \nu$ de spir. s. 29, 74 Garnier III, p. 63 C ($o \acute{\iota} \acute{o} \nu \ \tau \iota \nu \iota \ \sigma \eta \mu \epsilon \acute{\iota} \omega \ \tau o \grave{\iota} \varsigma$
$\epsilon \acute{\iota} \sigma \epsilon \beta o \tilde{v} \nu \tau \alpha \varsigma \ \varphi v \lambda o \varkappa \varrho \iota \nu \epsilon \tilde{\iota} \nu$) und ep. 204, 2 p. 304 A ($o \dot{v} \delta \epsilon \grave{\iota} \varsigma \ \dot{o} \ \tau o \tilde{v} \ \dot{\alpha} \lambda \eta \vartheta o \tilde{v} \varsigma$
$\tau \grave{o} \ \psi \epsilon \tilde{v} \delta o \varsigma \ \varphi v \lambda o \varkappa \varrho \iota \nu \tilde{\omega} \nu$) ganz allgemein im Sinne von $\delta \iota \alpha \varkappa \varrho \acute{\iota} \nu \epsilon \iota \nu$. Dennoch
liegt in der oben verwendeten und in der folgenden Anmerkung citierten
Stelle vielleicht eine speciellere Anwendung des Wortes vor. Phrynichus
(unter Marc Aurel und Commodus) sagt (vgl. Stephanus, Thesaurus ed.
Hase u. a., sub voce $\varphi v \lambda o \varkappa \varrho \iota \nu \epsilon \tilde{\iota} \nu$, VIII, 1131): $\varphi v \lambda o \varkappa \varrho \iota \nu \epsilon \tilde{\iota} \nu \ \varkappa v \varrho \acute{\iota} \omega \varsigma \ \mu \grave{\epsilon} \nu \ \tau \grave{o}$
$\tau \grave{\alpha} \varsigma \ \varphi v \lambda \grave{\alpha} \varsigma \ \tau \grave{\alpha} \varsigma \ \dot{\epsilon} \nu \ \tau \alpha \tilde{\iota} \varsigma \ \pi \acute{o} \lambda \epsilon \sigma \iota \ \delta \iota \alpha \varkappa \varrho \acute{\iota} \nu \epsilon \iota \nu \cdot \ \sigma \eta \mu \alpha \acute{\iota} \nu \epsilon \iota \ \delta \grave{\epsilon} \ \varkappa \alpha \grave{\iota} \ \tau \grave{o} \ \ddot{\alpha} \lambda \lambda o \ \tau \iota$
$\delta \iota \alpha \tau \acute{\alpha} \tau \tau \epsilon \iota \nu \ \varkappa \alpha \grave{\iota} \ \delta \iota \alpha \varkappa \varrho \acute{\iota} \nu \epsilon \iota \nu$. Propriae — so heisst es nun zwar bei Stephanus
l. c. —, quam Phrynichus dicit significationis nullum usquam exemplum
repertum est. Allein die $\Pi o \lambda \iota \tau \epsilon \acute{\iota} \alpha$ des Aristoteles hat inzwischen eine
Belegstelle für den eigentlichen Sprachgebrauch gebracht (21, 2 ed. Kaibel
und v. Wilamovitz p. 23, 2, vgl. die Nota in Kenyons Ausgabe S. 54), und
diese „eigentliche" Bedeutung, bezw. die oben gegebene Modifikation derselben, scheint mir für die oben behandelte Stelle die passendste zu sein.
[7]) Da die Stelle für die Geschichte der städtischen Verfassung in der
späteren Kaiserzeit ein Interesse haben muss, sei sie ganz citiert: $\pi \acute{\alpha} \lambda \iota \nu$

der Statthalter abermals eine Synode der galatischen und
pontischen Bischöfe in Nyssa angeordnet, und die Bischöfe
sind seinem Befehle gefolgt; hier in Nyssa ist die Angelegenheit des (nicht erschienenen) Gregor zur Erledigung gekommen:
er erhielt einen Nachfolger, den Basilius nicht nennt, aber als
höchst verächtlichen Menschen charakterisiert,[1]) auch nach
Doara wurde ein neuer Bischof geschickt, den Basilius nicht
höher taxiert;[2]) darauf war der ganze Schwarm nach Sebaste
gezogen, um sich mit Eustathius zu verbinden und im Verein
mit ihm die kirchlichen Verhältnisse in Nikopolis — wo
Bischof Theodot vor einiger Zeit gestorben war — zu ver-

ἡμῖν ἐπῆλθε θυμοῦ καὶ φόνου πνέων, καὶ πάντας μὲν μιᾷ φωνῇ τοὺς
ἱερατικοὺς τῆς ἐν Καισαρείᾳ ἐκκλησίας παρέδωκε τῇ βουλῇ. ἐν δὲ Σε-
βαστείᾳ ἐκαθέσθη πολλὰς ἡμέρας φυλοκρινῶν, καὶ τοὺς μὲν ἡμῖν κοινω-
νοῦντας βουλευτὰς ὀνομάζων καὶ καταδικάζων τῇ ὑπηρεσίᾳ τῶν δημοσίων,
τοὺς δὲ τῷ Εὐσταθίῳ προσκειμένους ταῖς μεγίσταις τιμαῖς περιέπων.
Im Allgemeinen ist an der Stelle nichts rätselhaft — dass es in dieser
Zeit nur als eine Last empfunden wurde, Curiale sein zu müssen, ist bekannt
(vgl. Kuhn, Die städtische und bürgerliche Verfassung des röm. Reiches
I, 251) —; im Detail scheint, was Basilius hier sagt, für die Verfassungs-
geschichte noch nicht ausgebeutet zu sein.

[1]) Ep. 239, 1 p. 367 E sq. Auch in ep. 237, 2 p. 366 A kann Basilius
bei dem Satze ἔπεμψάν τινα ταῖς ἐκκλησίαις an diesen Nachfolger seines
Bruders gedacht haben. Doch vgl. Garniers nota a zu ep. 237, 2 p. 366.

[2]) Ep. 239, 1 p. 368 A. Tillemont (IX, 394) und Garnier (vita 34, 5
p. CLVI) stimmen, obwohl sie in der Erklärung der Stelle verschiedene
Wege gehen, darin überein, dass auch die Angabe in ep. 231 p. 354 D:
Δόαρα τὸν παλαιὸν ἀπέλαβε μουλίωνα sich auf diese Neubesetzung des
bischöflichen Stuhles beziehe. Doch ist diese Annahme unhaltbar. Denn,
gleichwie in ep. 231 der Nachricht von der dem Gregor von Nyssa auf-
genötigten Flucht die Mitteilungen parallel laufen: Δόαρα χειμάζεται τοῦ
κήτους τοῦ πολυσάρκου (d. i., auch nach Garnier, vita 34, 2 p. CLIV,
Demosthenes, der Vicar; vgl. ep. 237, 2 p. 365 D) τὰ ἐκεῖ συνταράσσοντος,
ἡμῖν δὲ οἱ ἐχθροὶ τὰς ἐπιβουλὰς τυρεύουσι, so ist im weiteren Verlaufe
des Briefes das Δόαρα τὸν παλαιὸν ἀπέλαβε μουλίωνα parallel dem ὁ
ἀδελφὸς διάγει ἄνετος und dem τὰς βουλὰς τῶν ἐχθρῶν ἡμῶν διασκε-
δάσει κύριος. Das Δόαρα τὸν παλαιὸν ἀπέλαβε μουλίωνα samt dem zu-
gehörigen πλέον δὲ ἔχει οὐδέν, das unmittelbar folgt, muss demnach relativ
Erfreuliches, wenigstens Beruhigendes besagen. Was? das gestattet unsere
mangelhafte Kenntnis der Dinge uns nicht zu erraten. Jedenfalls war —
und das ist chronologisch wichtig — Doara zur Zeit der ep. 231 über das
χειμάζεσθαι noch nicht hinausgekommen, den neuen arianischen Bischof
hatte es noch nicht; die Synode von Nyssa hatte noch nicht stattgefunden.

gewaltigen. — In eben der Zeit, da jener „Schwarm" nach
Sebaste hingeeilt war, ist, wie Basilius ausdrücklich sagt, [1])
ep. 237 geschrieben.

Eben dieser Einzug [eines Teiles] der von Nyssa gekommenen Synodalen in Sebaste verknüpft die oben dargelegte
Kette von Ereignissen mit dem sicheren Ausgangspunkte unserer
Untersuchung. Denn es ist zweifellos, dass der Einzug der
„aus Galatien geholten" Anhänger des Euhippius, den ep. 251, 3
und ganz ähnlich ep. 244, 7 und 250 dem Eustathius zur Last
legen, nichts anderes ist als das Einrücken des Schwarmes,
von dem ep. 237 spricht: von den in Nyssa mit tagenden
Galatern werden mehrere — unter ihnen die Εὐιππίου τέκνα
καὶ Εὐιππίου ἔκγονα, [2]) die dem Basilius besonders verächtlich
sind, vielleicht auch die neuen Bischöfe von Nyssa und Doara
— durch die Gesandtschaft aus Sebaste, von der in ep. 251, 3
und 244, 7 die Rede ist, zunächst aus Galatien nach Nyssa,
dann von Nyssa nach Sebaste geleitet sein. Da nun die Ereignisse alle von der Synode in Galatien „mitten im Winter"
an bis hin zu dem Einzuge der Galater in Sebaste zeitlich
eng zusammengehören — einen zwingenden Beweis hierfür
liefert der Umstand, dass Basilius seinem Freunde Eusebius,
mit dem er in reger Korrespondenz stand, sie alle in einem
Briefe (237) als Neuigkeiten berichtet —, so müssen, weil
Basilius in ep. 251, 3, Ende 376, auf die Herbeiholung der
Galater als auf ein Vorkomnis des Vorjahres zurückblickt, alle
diese Ereignisse sich in ziemlich schneller Folge seit der
„Mitte des Winters" 375 auf 376 abgespielt haben. [3]) Das ist
auch von Tillemont wie von Garnier übereinstimmend angenommen. Tillemont und Garnier differieren nur in Bezug
auf die Frage, ob die Synode von Nyssa und die Einholung

---

[1]) Ep. 237, 2 p. 366 A.

[2]) Ep. 244, 7 p. 380 D.

[3]) Das folgt aus dem πέρυσιν in ep. 251, 3, ganz abgesehen von der
Frage, wann man damals in Kappadozien das bürgerliche Jahr begonnen
habe. Denn auch damals hat die Sonne den Menschen „Zeiten, Tage und
Jahre gegeben"; in den kürzesten Tagen des Jahres 376 konnte Basilius
die Ereignisse, die „mitten im Winter" 375 zu spielen begannen, als Ereignisse des Vorjahres bezeichnen, selbst wenn das Glied der Kette, das
er hervorzuheben Grund hatte, bereits dem gleichen bürgerlichen Jahre
angehört hätte, wie ep. 251. Doch vgl. unten S. 12 Anm. 8.

der Galater noch in das Ende des Jahres 375,[1]) oder in den
Anfang des Jahres 376 zu setzen ist.[2]) Garniers Hauptgrund
ist ep. 231, von der er mit Recht gegen Tillemont[3]) behauptet,
dass sie älter ist als ep. 232.[4]) Allein Garniers Annahme, dass
ep. 231 die Synode von Nyssa schon voraussetze, ist irrig.[5])
Selbst ep. 232, die frühestens Mitte und spätestens Ende
Januar 376 geschrieben ist, geht der Synode in Nyssa noch
voraus.[6]) Nur die galatische Synode ist noch vor ep. 231,
„mitten im Winter" 375 — wohl im Dezember[7]) — gehalten
worden. Frühestens im Februar 376 wird die Synode in Nyssa
sich versammelt haben. Doch ist es, weil die Einholung der
Galater Ende 376 als ein Ereignis des Vorjahres bezeichnet
wird, nicht geraten — wenn auch keineswegs unmöglich —,
mit der Synode weit in den Frühling 376 hineinzugehen.[8])

---

[1]) So Garnier vita 34, 6 p. CLVI.

[2]) So Tillemont IX, 249 f.

[3]) IX, 394.

[4]) Dass ep. 231 deshalb mit Notwendigkeit noch dem Jahre 375
zuzuweisen sei (Garnier 35, 1 p. CLVII aE), ist freilich nicht richtig. Ep. 232
kann aus dem Ende Januar 376 stammen (vgl. oben S. 8) und, weil
sie besonderen Anlass hatte, der ep. 231 sehr bald gefolgt sein.

[5]) Vgl. S. 10, Anm. 2.

[6]) Basilius sagt hier, er sei niedergeschlagen τῷ τὸν θεοφιλέστατον
ἀδελφὸν ἡμῶν πεφυγαδευμένον εἶναι (p. 355); Gregors Absetzung und
die Einsetzung eines „Häretikers" an seiner Statt ist ihm noch unbekannt.
Auch Tillemont (IX, 248) setzt den Brief vor die Synode.

[7]) Da ep. 231 die Flucht Gregors dem Amphilochius als Neuigkeit
mitteilt, die galatische Synode selbst und die Anklage gegen Gregor
offenbar als bekannt voraussetzt, müssen zwischen der galatischen Synode
und ep. 231 etwa 14 Tage liegen. Der 20. Dezember etwa ist daher (vgl.
Anm. 4) der terminus ante quem für die Synode. Der terminus a quo ist
durch das ἐν μέσῳ τῷ χειμῶνι gegeben. Da es unberechtigt ist, diese
Angabe so abzuschwächen, wie Garnier es thut (vita 34, 6 p. CLVII A),
so wird man gut thun, nicht über den Dezember zurückzugehen.

[8]) Es ist nicht geraten, weil das πέρυσιν dann auffällig wird, selbst
wenn das Ende des bürgerlichen Jahres in Kappadozien in die Zeit zwischen
Frühlings- und Winter-Sonnenwende fiel; es ist nicht unmöglich, weil dies
in der That der Fall war. Denn man braucht gegenwärtig nicht mehr
darüber zu streiten, ob Tillemont die Wahrscheinlichkeit für sich hat,
wenn er meint, Basilius habe sein Jahr am 1. September begonnen (IX,
680; IV, 359), oder Garnier (vita 36, 4 p. CLXII sq.), wenn er für den
1. Januar oder 1. März plaidiert. Keiner von beiden hat Recht: die kappa-
dozische Provinzialära, eine fest gewordene bewegliche Jahresrechnung

Dass die Synode in Nyssa und, was ihr folgte, nicht mehr
mitten im Winter in Scene ging, bestätigt sich auch an dem,
was wir über die Geschehnisse in Nikopolis, die ep. 237 kommen
sieht (vgl. oben S. 10 f.), aus ep. 239 und aus den Briefen 227
bis 230, 238 und 240 [1]) erfahren. Ein Eingehen auf diese
Geschehnisse ist aber nicht nur im chronologischen Interesse,
sondern auch deshalb geboten, weil diese Dinge für die
Kontroverse zwischen Basilius und Eustathius von Bedeutung
sind. — Der von Basilius eingesetzte und ihm verwandte [2])
Bischof Poemenius von Satala in Armenien hatte — offenbar
gleich nach dem Tode des Bischofs Theodot von Nikopolis,
den Basilius in ep. 237, 2 (Frühjahr 376) dem Eusebius als
ein ihm neues aber schon einige Zeit zurückliegendes Ereignis
mitteilt, — sich nach Nikopolis begeben und hatte, ehe die
Gegner für die Neubesetzung des erledigten Bischofsstuhles
irgend etwas hatten thun können, den Bischof Euphronius von
Colonia nach Nikopolis transferiert. [3]) Die Einwohner von
Colonia waren mit diesem Arrangement nicht zufrieden gewesen;
auch in Nikopolis war die Zustimmung der Gemeinde offenbar
keine ungeteilte gewesen. Basilius aber hatte, die Klugheit
und Energie des Poemenius lobend, der Verteidigung seines
Schrittes mit Energie sich angenommen: er hatte die Kleriker
und den Magistrat von Colonia zu begütigen versucht [4]) und
war in Briefen an die Kleriker und an den Magistrat von

---

alter Zeit (vgl. Fréret, de l'année vague cappadocienne, Mémoires de
littérature, tirés des registres de l'académie royale des inscriptions et de
belles-lettres XIX, 1753 p. 35 ff.), begann am 12. Dezember (Fréret 38 und
50 ff.; Ideler, Handbuch der mathem. u. techn. Chronologie I, 441 f.), und
dass diese Aera in der Zeit des Basilius und in seinem Kreise in Gebrauch
war, beweist das Vorkommen des kappadozischen Monatsnamens Dathusa
in Gregor. Naz. ep. 122 (al. 90) Migne 37, 217 A. Da nun ep. 251 nach
dem 12. Dezember geschrieben sein kann, ja wahrscheinlich geschrieben
sein wird (vgl. oben S. 7 Anm. 4), so bliebe, nach dem bürgerlichen Jahre
gerechnet, das πέρυσιν verständlich, selbst wenn die Einholung der Galater
etwa im Mai vor sich gegangen wäre.

[1]) Den Zusammenhang dieser Briefe hat noch Tillemont (IX, 252 ff.)
nicht durchschaut; aber schon Garnier (vita 34, 4 p. CLV) hat das Richtige.

[2]) Vgl. ep. 99, 4; 102; 103 und 122.

[3]) S. ep. 229 u. 228.

[4]) Durch ep. 227 u. 228.

Nikopolis für den von Poemenius bestellten Bischof eingetreten.[1]) Dass dies Vorgehen des Poemenius und Basilius keinen Rechtstitel hatte, ist mir zweifellos: Nikopolis gehörte mit Colonia, Satala, Sebastopolis zur Provinz Armenia prima, deren politische Metropole Sebaste war;[2]) nach can. 4 von Nicaea und can. 9 und 13 von Antiochia[3]) hatte der Bischof von Sebaste, als Metropolit, die Oberleitung der von den Bischöfen der Provinz, oder wenigstens dreien von ihnen, vorzunehmenden Wahl.[4]) Um so begreiflicher ist es, dass der Vicarius Demosthenes — wahrscheinlich in der Zeit, da er „viele Tage" in Sebaste weilte,[5]) — sich bemühte, den Nikopolitanern durch Eustathius einen Bischof zu geben.[6]) Eustathius ersah sich[7]) für den vacanten Stuhl den ihm vielleicht seit längerer Zeit nahe stehenden[8]) Fronto, einen der Presbyter in Nikopolis, die mit dem Vorgehen des Poemenius zufrieden gewesen waren.[9]) Da man nun aber in Nikopolis den Kandidaten des Eustathius gut-

---

[1]) Ep. 229 u. 230.

[2]) Ramsay a. a. O. 325; Kuhn a. a. O. II, 243.

[3]) Mansi II, 669 u. 1312 f.

[4]) Freilich beweist gerade die öffentliche Thätigkeit des Basilius, aber auch das Thun anderer Bischöfe der Zeit (vgl. ep. 120, 121 und 122), wie wenig diese Bestimmungen in praxi beobachtet wurden. — Dass Basilius früher dem Bischof von Nikopolis gewisse Metropolitanbefugnisse zugewiesen hatte, muss aus ep. 95 und 99, 2 gefolgert werden (vgl. Lequien, Oriens christianus I, 428). Eben dies macht es erklärlicher, dass jetzt nach Theodots eigenem Tode Poemenius von Satala eingreift.

[5]) Oben S. 9.

[6]) Ep. 237, 2 p. 366 B.

[7]) Vgl. S. 15 Anm. 1.

[8]) Die Identität des Fronto in ep. 125, 3 p. 217 B mit dem oben genannten späteren Bischof von Nikopolis wird von Tillemont (IX, 253) und Garnier (vita 35, 2) für wahrscheinlich gehalten. Erweisbar ist sie nicht.

[9]) Dass Fronto je selbst den von Poemenius eingesetzten Euphronius ausdrücklich anerkannt hat, kann daraus nicht gefolgert werden, dass Basilius ep. 238 p. 366 E den Presbytern von Nikopolis, die zu ihm hielten, schreibt: ἔλειψεν εἰς ἐκ τοῦ πληρώματος ὑμῶν; auch daraus nicht, dass ep. 239, 1 p. 368 B den Fronto als πρότερον τὴν ὑπὲρ τῆς ἀληϑείας συνηγορίαν σχηματιζόμενος bezeichnet und Verrat am Glauben ihm vorwirft. Die Annahme, dass Fronto zu dem, was geschah nur geschwiegen hat, bis sich ihm selbst die Möglichkeit eröffnete, Bischof zu werden, ist um so leichter, je zweifelloser das „fromme" Eingreifen des Poemenius ziemlich formlos gewesen sein wird.

willig nicht aufnehmen wollte, versuchte Demosthenes, mit
gewaltsamerem Zugreifen durchzudringen: man rief die galatischen Hilfstruppen.[1]) Fronto wurde nun als Bischof in Nikopolis eingesetzt[2]) — Euphronius scheint schon vorher nach
Colonia zurückgekehrt zu sein; man hört nichts mehr von
ihm[3]) —; aber die Mehrzahl der Presbyter erkannte ihn nicht

---

[1]) Schon Tillemont (IX, 252 f.) hatte den Satz in ep. 237, 2 p. 366 B:
ὡς δὲ εἶδεν (scil. Demosthenes) αὐτοὶς (die Nikopolitaner) ἑκόντας οὐκ
ἐνδιδόντας, νῦν πειρᾶται βιαιοτέρᾳ χειρὶ ἐγκαταστῆσαι τὸν διδόμενον
(sil. ἐπίσκοπον) als einen Hinweis auf die Herbeiholung des von Nyssa
kommenden Schwarmes (oben S. 10 f.) verstanden; Garnier hat (vita 35, 3
p. CLVIII) dem widersprochen. Aber mit Unrecht. Sein Gegengrund:
„constat Frontonem ab Arianis episcopatum accepisse", verschlägt um so
weniger, da, was Garnier als „feststehend" ansieht, nichts ist als eine
Behauptung der Gegenpartei, d. i. eine Mitteilung des Basilius (ep. 239, 1
p. 368 B). Wenn Eustathius im Einverständnis mit Demosthenes den Nikopolitanern einen Bischof geben wollte (ep. 237, 2 p. 366 B), so hat er
gewiss die Person alsbald ins Auge gefasst, wo nicht gar ordiniert; —
der διδόμενος ἐπίσκοπος in ep. 237, 2 kann — das giebt auch Garnier zu (über
Tillemont vgl. unten S. 16 Anm. 5) — nur Fronto sein. Garniers weitere
Deutung aber — er findet das πειρᾶσθαι βιαιοτέρᾳ χειρὶ ἐγκαταστῆσαι
τὸν διδόμενον in den Gewaltmassregeln wieder, durch welche dem von
jenen galatischen Arianern bestellten Bischof die Kirche in Nikopolis aus-
geliefert wurde (ep. 238 u. 240), — ist unmöglich, weil, als ep. 237 geschrieben wurde, eben erst der Schwarm nach Sebaste stürmte, „um im
Verein mit Eustathius die Kirche in Nikopolis zu vergewaltigen". Fronto
war, ehe die Galater kamen, der διδόμενος ἐπίσκοπος. Da erst jene
Galater ihm das Bistum wirklich verschafften, kann es nicht überraschen,
wenn Basilius sagt: ἐδέξατο παρ' αὐτῶν ἐπισκοπῆς ἀξίωμα (ep. 239, 1
p. 368 B). Das ist eben Parteiurteil, kein geschichtlicher Bericht. Ungleich
grösser noch erscheint nach dem hier Festgestellten die parteiische Ver-
kehrung der Herbeiholung der Galater in den oben (S. 11) besprochenen
Briefen 244 und 251. Freilich sagt Basilius auch dort nicht, Eustathius
habe die Galater gerufen; aber erst, wenn man den Sachverhalt kennt,
bemerkt man, dass er diese direkte Lüge sich nicht gestattet hat: jeder
Leser denkt bei dem unbestimmten „sie riefen" zunächst an Eustathius,
und Basilius hat das gewollt (vgl. ep. 251, 3 p. 387 C: οὓς δὲ πέρυσιν ἐκ
τῆς Γαλατίας μετεστείλαντο, ὡς δι' αὐτῶν δυνάμενοι τὴν παρρησίαν
τῆς ἐπισκοπῆς ἀπολαβεῖν); der gleichzeitige Brief an Eusebius aber
zeigt (vgl. den Anfang dieser Anm.), dass der Vicarius der Handelnde
war. Das ganze Verbrechen des Eustathius war, dass er mit Demosthenes
gemeinsam in Nikopolis vorgieng.
[2]) Ep. 238; 239, 1 p. 368 B.
[3]) Vgl. Garnier, vita 34, 4 fin.

an.[1]) Nun wurde die Kirche mit Gewalt dem neuen Bischof überwiesen, die opponierenden Presbyter mussten ihre Gesinnungsgenossen ausserhalb der Stadt unter freiem Himmel versammeln;[2]) Basilius bestärkte sie in ihrer Opposition:[3]) aufs entschiedenste erklärte er, er werde den Fronto nicht anerkennen, obwohl dieser, wie Basilius selbst sagt, sich bemühte, der Spaltung jede dogmatische Bedeutung zu nehmen.[4]) Noch Ende 376, als ep. 251 geschrieben wurde, hatte die Spaltung in Nikopolis nicht aufgehört: Basilius konnte noch damals sagen, dass die Herbeiholung der Galater nicht bewirkt hätte, was sie bewirken sollte, d. h. die Gewinnung der Gemeinde für einen dem Hofe genehmen Bischof.[5]) Doch wissen wir nicht, ob die Presbyter in Nikopolis, die schon zur Zeit der ep. 240 lass wurden, in ihrem Widerstande ausgehalten haben, bis der Tod des Kaisers (378) der Verfolgung ein Ende machte.[6])

Das chronologische Interesse dieser Nikopolitaner Ereignisse liegt, wie oben (S. 13) schon gesagt ist, darin, dass sie Garniers

---

[1]) Vgl. ep. 238.

[2]) Ep. 240, 2 p. 370 A, aber auch schon ep. 238 p. 367 A.

[3]) Ep. 238 u. 240.

[4]) Ep. 240, 3: μὴ ἐξαπατηθῆτε ταῖς ψευδολογίαις αὐτῶν ἐπαγγελομένων ὀρθότητα πίστεως.

[5]) Ep. 251, 3 p. 387 D: οὐδὲν ἠδυνήθησαν, ὧν ἐπηγγείλαντο, διαπράξασθαι. Wenn Tillemont (IX, 253) daraus schliesst, die Galater hätten die Bestellung eines Bischofs in Nikopolis nicht erwirken können; erst durch die Verleitung des Fronto zum Abfall habe der Teufel ein Mittel gefunden, den Frieden der Kirche in Nikopolis zu stören: so verkennt er den parteiischen Charakter der Aeusserung und kommt mit zweifellosen Thatsachen so in Widerspruch, dass er selbst sich genötigt sieht, wenigstens Wahl und Weihe des Fronto durch die Galater nachträglich (p. 253 Mitte) zuzugestehen, und wer der διδόμενος ἐπίσκοπος, von dem ep. 237, 2 vor Ankunft der Galater in Nikoplis redet, sein soll, sagt er nicht.

[6]) Jünger als ep. 240 sind offenbar die beiden Briefe B.'s an die Nikopolitaner, die Garnier unter Nr. 246 u. 247 bringt. Sie zeigen, dass die Spaltung in Nikopolis zu Gewaltmassregeln der Herrschenden geführt hat. Da es unwahrscheinlich ist, dass solche Gewaltmassregeln lange auf sich haben warten lassen, Basilius aber zuerst in der Zeit dieser Briefe von ihnen gehört hat, ist es wahrscheinlich, dass diese Briefe, wie Garnier annimmt, noch dem gleichen Jahre (376) angehören, wie ep. 240. — Dass der in ep. 248 p. 384 B erwähnte „Märtyrer" Asklepius ein Nikopolitaner sei, hat Garnier (vita 36, 3) m. W. ohne Grund angenommen.

Ansetzung der Synode von Nyssa noch auf den Winter 375
unmöglich machen: ep. 238 und 240, die nicht gar lange nach
Frontos Einsetzung geschrieben sein können, erwähnen die
Gottesdienste unter freiem Himmel ohne jede Hindeutung auf
erschwerende Temperaturverhältnisse. Die Synode in Nyssa,
die dem Einzuge der Galater in Sebaste und ihrem Eingreifen
in Nikopolis vorhergieng, wird daher mit Wahrscheinlichkeit
auf den Frühling 376, etwa März, datiert werden können.[1])
Der Tod Theodots, der die Nikopolitaner Tragödie einleitete,
fiel in eine Zeit, da Poemenius dem Eustathius zuvorkommen
konnte,[2]) daher vermutlich in die Zeit, da Eustathius, wie
sich später[3]) zeigen wird, den auf der galatischen Synode, im
Dezember 375, versammelten Bischöfen sich näherte.

Den Schlussstein zu dem chronologischen Aufbau der Ereignisse und der Briefe vom Ende 375 bis Ende 376 und
zugleich eine willkommene Handhabe für ihre sachliche Beurteilung, giebt der Hinweis der ep. 251[4]) auf eine Glaubens-
formel, die Eustathius kürzlich unterschrieben hatte. Diese
νῦν περιφερομένη πίστις der ep. 251 ist zweifellos identisch
mit der als τὰ νῦν περιφερόμενα in ep. 244, 5 p. 380 A erwähnten Formel von Cyzicus. Wir wissen über diese Formel
nur, was Basilius ep. 244, 9 sagt; er aber wusste nur, dass die
Synodalen das ὁμοούσιον nicht erwähnt, aber das ὅμοιον κατ᾽
οὐσίαν behauptet und „Blasphemien" gegen den hl. Geist ver-
brochen hätten. Eustathius ist also weit entfernt davon
gewesen, zu den „Arianern" überzugehen; er hat vielmehr die
alte Mittellinie der Homoiusianer auch jetzt noch innegehalten,
und wenn Basilius den Synodalen von Cyzicus nachsagt, sie
hätten über den hl. Geist die gleichen Blasphemien wie
Eunomius ausgesprochen, so ist dies freilich nicht ganz unwahr
— denn auch Eunomius acceptierte die Gottheit des hl. Geistes
nicht —; aber es ist doch auch nicht ganz wahrhaftig gesprochen. Denn Basilius muss sehr wohl gewusst haben, dass
diese Anschauung in den homoiusianischen Kreisen, denen er
selbst entstammte, nicht erst seit gestern vorhanden war und

---

[1]) Vgl. oben S. 12 Anm. 8.
[2]) Ep. 229, 1 p. 352 C.
[3]) S. Seite 19.
[4]) Ep. 251, 4 p. 388 B.

genetisch mit Eunomius nichts zu thun hatte. Die Zeit dieser
Synode von Cyzicus ist dadurch bestimmt, dass die jedenfalls
nach dem Einzuge der Galater in Sebaste und Nikopolis geschriebene ep. 244 und die Ende 376 verfasste ep. 251 sie als
ein neues Ereignis behandeln: die Synode muss im Spätfrühling
oder Sommer 376 getagt haben.[1]

Von den Daten der Zeit zwischen Ende 375 und 376 muss
unsere Untersuchung sich zunächst zu epp. 223, 224 und 226
wenden.[2] Ep. 223 ist ein offenes Schreiben B.'s gegen Eustathius,
ep. 224 ein inhaltlich verwandtes Schreiben an einen Presbyter
Genethlius, ep. 226 ein Brief B.'s an seine Mönche über den
Konflikt mit Eustathius. Brief 226 weiss, so verwandt seine
Haltung sonst den Briefen 244 und 251 ist, noch nichts von dem
Einzuge der Galater in Sebaste, erzählt aber, dass Eustathius
und die Seinen offen ihre Absicht enthüllt hätten, indem sie
in Ancyra die Gemeinschaft mit den Gesinnungsgenossen des
Euhippius in den Häusern mit besonderer Freude sich hätten
gefallen lassen; zu ihrer conciliaren Festversammlung seien sie
freilich noch nicht zugelassen worden.[3] Man sieht: gelegent-

---

[1] So auch Tillemont VI, 601. Garnier (vita 34, 3 fin) setzt die
Synode in die Zeit unmittelbar vor der galatischen Synode, die „mitten
im Winter" tagte, also (vgl. S. 12 Anm. 7 fin.) in den Spätherbst 375.
Sein Grund, dass schon ep. 226, 3 p. 348 A auf diese Formel anspiele, ist
nicht stichhaltig: das τὴν ἐν Νικαίᾳ διαβάλλουσι πίστιν wäre auch der
Synode von Cyzicus gegenüber entstellende Parteibeurteilung; ein der-
artiges Parteiurteil aber war schon zur Zeit der ep. 226 ohne die Synode
von Cyzicus möglich.

[2] Eine Zusammenstellung der für die Datierung der behandelten
Briefe aus den bisherigen Erörterungen sich ergebenden Resultate gebe ich
unten. Eine detailliertere Ableitung der Brief-Daten wird unnötig sein.

[3] Ep. 226, 2 p. 347 A: τὰς κατ᾽ οἶκον αὐτῶν κοινωνίας κατασπαζό-
μενοι, ἐπειδὴ εἰς τὸ κοινὸν ὑπ᾽ αὐτῶν ἐκείνων οὔπω ἐδέχθησαν. Der
Ausdruck εἰς τὸ κοινόν scheint mir — vielleicht mit absichtlichem Hohn —
an das heidnische κοινὸν τῆς Ἀσίας anzuknüpfen (vgl. Harnack in den
Texten und Untersuchungen XIII, 4a, S. 60 ff. und die dort angeführte
Litteratur). — Sachlich muss bemerkt werden, dass die Angabe B.'s,
Eustathius sei von den Eudoxianern noch nicht öffentlich zur Kirchengemeinschaft angenommen, recht unglaublich ist. Hofparteien derart bauen
den Ueberläufern Ehrenpforten. Dass Eustathius nicht mit ihnen tagte,
muss Thatsache sein. Der Grund dafür wird aber nicht der gewesen sein,
den der Hass des Basilius sucht, sondern die Zurückhaltung des Eustathius.
Ueber B.'s Angabe hinaus eine Teilnahme E.'s an der Synode der Arianer
anzunehmen (Garnier, vita 34, 3), ist gänzlich unstatthaft.

lich[1]) einer Synode im galatischen Ancyra hat Eustathius sich
der Hofpartei genähert. Es ist allgemein angenommen, dass
diese Synode in Ancyra die galatische Synode vom Winter 375
gewesen sei; und wenn dies auch nicht ganz sicher ist, so
laufen doch die Möglichkeiten, die sonst bleiben, ziemlich auf
das Gleiche hinaus.[2]) Ep. 223 und ep. 224 können zeitlich
nicht viel vor ep. 226 geschrieben sein; denn Basilius sagt
ep. 226, 1 p. 346 BC, es sei jetzt schon das dritte Jahr ($\tau\varrho\acute{\iota}\tau o\nu$
$\gamma\grave{\alpha}\varrho$ $\mathring{\eta}\delta\eta$ $\tau o\tilde{\upsilon}\tau o$ $\mathring{\epsilon}\tau o\varsigma$), dass er schweigend die Verleumdungen
des Eustathius getragen habe, ep. 223 aber bricht öffentlich
dies Schweigen. Da nun ep. 223 und die dem Inhalt nach
wesentlich gleichzeitige ep. 224 noch nichts von dem offenen
Anschluss des Eustathius an die Hofbischöfe gelegentlich der
Synode von Ancyra (im Dezember 375) wissen,[3]) so muss diese
Synode zwischen jene drei sonst zeitlich ziemlich zusammengehörigen Briefe fallen:[4]) epp. 223 und 224 sind also im Spätherbst 375 geschrieben, ep. 226 im Dezember 375.

Aus dem Umstande, dass Basilius in ep. 226, 1 sagt, es
sei nun das dritte Jahr, dass er auf die Verleumdungen des
Eustathius geschwiegen habe, jetzt aber sei er zum Reden
genötigt, weil sein Schweigen als eine Bestätigung der Verleumdungen angesehen werde, ergiebt sich für die weitere
Untersuchung ein Zwiefaches. Zunächst, dass die Jahre 373,

---

[1]) Vgl. den Schluss der vorigen Anm.

[2]) Dass die Annäherung des Eustathius an die Hofbischöfe ungefähr
in die Zeit dieser Synode fällt, folgt aus der inhaltlichen Verwandtschaft
der ep. 226 mit 244 und 251, einerseits, der Nichterwähnung der Einholung
der Galater in ep. 226 andererseits. Nun wäre ja in abstracto denkbar,
dass in jener Zeit, da der Vicarius in Galatien weilte, ausser der oben
(S. 8) erwähnten Wintersynode noch eine weitere Zusammenkunft der
Bischöfe stattgefunden hätte. Aber in concreto, d. h. gegenüber dem
Fehlen jeder Spur einer derartigen Zusammenkunft, ist's unwahrscheinlich.
Möglich wäre auch, dass Eustathius nur den Vicarius und die Hofbischöfe
seiner Umgebung aufgesucht hat, ehe die Synode stattfand oder nachdem
sie stattgefunden hatte, und dass die Nachricht B.'s, Eustathius sei zur
Synode nicht zugelassen, lediglich inhaltloser Parteiklatsch ist. Allein
für die Beurteilung der Handlungsweise des Eustathius ist es ganz irrelevant, welche dieser Möglichkeiten man für die wahrscheinlichste hält. Mir
ist die vulgäre Annahme die wahrscheinlichste.

[3]) Vgl. Garnier, vita 34, 1 p. CLIII.

[4]) So auch Garnier.

374 und 375 die Jahre des Schweigens des Basilius gewesen sind, und dass im Jahre 373 zu einer Zeit, die den grössten Teil des Jahres für das Schweigen freiliess,[1]) der Bruch zwischen Basilius und Eustathius erfolgt ist; sodann, dass etwa uns bekannte Ereignisse, welche B. von der Notwendigkeit des Redens überzeugen mussten, dem Jahre 375 angehören müssen, und zwar so, dass auch der grössere Teil dieses Jahres für das Schweigen frei bleibt.

Verfolgt man nun zunächst das zweite dieser Ergebnisse, so gelangt man zu einer Chronologie des Jahres 375, die Garniers Datierung aller wichtigen Briefe dieses Jahres bestätigt. Wir hören in ep. 216, einem Briefe B.'s an Meletius, dass B. in Pontus gewesen ist, weil Eustathius die Ortschaft Dazimon[2]) in beträchtliche Verwirrung gebracht hatte. Nur einmal ist Dazimon sonst in den Briefen des Basilius erwähnt: ep. 212, ein Brief an einen vornehmen Laien Hilarius, ist geschrieben unmittelbar nachdem B. in Dazimon den Adressaten vergeblich zu treffen versucht hatte. Die Vermutung, dass in beiden Briefen (ep. 216 und 212) derselbe Aufenthalt in Dazimon gemeint sei, wird zur Gewissheit, wenn man die zwar den Namen des Eustathius vermeidende, aber unverkennbare Polemik gegen Eustathius in ep. 212 ins Auge fasst. Wenn B. hier sagt, jeder könne jetzt alles versuchen, da selbst diejenigen, denen er das grösste Vertrauen entgegengebracht habe, es unternommen hätten, Schriften eines anderen, über die er sich nicht weiter aussprechen wolle, als die seinigen zu vertreiben und auf Grund derselben ihn bei den christlichen Brüdern verhasst zu machen, so kann es nicht dem geringsten Zweifel unterworfen sein — ein Blick auf den offenen Brief gegen Eustathius (ep. 223) zeigt es —, dass diese Worte sich gegen Eustathius wenden. Das $\tau \grave{o} \nu \; \varDelta \alpha \zeta \iota \mu \tilde{\omega} \nu \alpha \; \tau \alpha \varrho \acute{a} \sigma \sigma \varepsilon \iota \nu$, das B. in ep. 216 dem Eustathius nachsagt, bezieht sich also auf die Verwirrung, die E.'s „Verleumdungen" in Dazimon angerichtet

---

[1]) Also in der ersten Hälfte des Jahres 373, mithin, da, wie sich zeigen wird, Reisen in Betracht kommen, die im Winter sich verboten, im Frühling 373.

[2]) Nicht weit vom Iris, etwa gleichweit im Nordosten von Neucaesarea, im Westen von Zela entfernt, vgl. Ramsay S. 263 u. 328 und die Karte bei S. 266.

haben. Basilius muss diesen nach ep. 216 in Dazimon persön-
lich entgegengetreten sein. Dann aber ist die pontische Reise,
damit der grösste Teil des Jahres 375 für schweigendes Tragen
der Verleumdungen frei bleibt, den im Spätherbst 375 geschriebenen Briefen 223 und 224 so nahe zu rücken, als es
die Rücksicht darauf erlaubt, dass Reisen von Caesarea nach
Pontus nach Beginn der rauhen Jahreszeit für B. sich verboten; — in den Frühherbst 375 (September etwa) muss die
pontische Reise B.'s gesetzt werden.[1]) Die Briefe 216, 217
und 218, welche die Rückkehr von dieser pontischen Reise
erwähnen, sind also im Herbst 375 geschrieben. Mithin auch
die gleichzeitigen[2]) Briefe 214 und 215; denn ep. 214, 2 p. 321 B
nimmt Rücksicht auf die nach ep. 216 p. 324 B gleich nach
der pontischen Reise B.'s eingetroffene Nachricht von der Anerkennung des Paulinus von Antiochien durch die Abendländer.
— In die pontische Reise gehört nach ep. 216 p. 324 A auch
der Aufenthalt B.'s in Neucaesarea, während dessen ep. 210
geschrieben ist. Diesem Briefe aber gehen ep. 204 und 207
(ad Neocaesarienses) und ep. 203 (maritimis episcopis) als die
pontische Reise vorbereitende Briefe voraus:[3]) versteckt wird
in allen schon auf die Verleumdungen des Eustathius hin-
gewiesen; die pontische Reise ist der Anfang des öffentlichen
Auftretens des Basilius gegen Eustathius. — Vor der pontischen
Reise ist B. in Pisidien gewesen, um mit den dortigen Bischöfen

---

[1]) Zu demselben Resultat gelangt Garnier (vita 33, 5 p. CL) auf
anderem Wege.

[2]) Die Gleichzeitigkeit der ep. 215 mit ep. 214 anzunehmen, ist unserem
Material gegenüber geboten: Denn sicher ist 1), dass ep. 215 mit einem
Briefe B.'s an den Grafen Terenz gleichzeitig ist (vgl. ep. 215 Eingang),
2), dass von den beiden auf uns gekommenen Briefen B.'s an Terenz,
ep. 99 und 214, ep. 99 dieser mit ep. 215 gleichzeitige nicht sein kann,
3), dass ep. 215 (vgl. den Eingang) zu ep. 214 sehr gut passt. Die abstrakte
Möglichkeit, dass in irgend einem Abschnitt der Bischofzeit des Basilius
unter Verhältnissen, die wir nicht kennen, Basilius Veranlassung gehabt
hätte, einen gleich heiklen Brief wie ep. 214 an Terenz zu schreiben, und
dass ep. 215 mit diesem nicht erhaltenen Briefe gleichzeitig sei, ist freilich
nicht zu bestreiten. Aber diese Möglichkeit zu verfolgen, ist um so un-
berechtigter, je unwahrscheinlicher es ist, dass Basilius dem Terenz so
sehr viel häufiger geschrieben hat, als der erhaltene Bestand der Briefe
erkennen lässt.

[3]) Vgl. Garnier, vita 33, 1—3.

die Angelegenheiten der Brüder in Isaurien zu ordnen.[1]) Der
Weg von Caesarea nach Pisidien ging über Ikonium; auf der
Reise nach Pisidien ist B. daher zweifellos mit Amphilochius
von Ikonium zusammengetroffen. Ep. 202 an Amphilochius
rechnet mit einem baldigen Besuche B.'s bei Amphilochius,
und dass in der That ep. 202 in die Zeit vor der pontischen
Reise, in den Sommer 375, gehört, wird dadurch, dass Basilius
in ep. 202 von den Resten einer schweren Krankheit spricht,
unter der er noch leidet, bestätigt; denn nach ep. 244, 8 (Sommer
376) hat Basilius „im Vorjahre" eine schwere Krankheit durch-
gemacht, die ihn an Grabesrand gebracht hat. Diese Krankheit, die ihn „den ganzen Winter hindurch" fesselte, ist offenbar
— man vergleiche die Todesgedanken — in ep. 200 an
Amphilochius gemeint; ep. 200 muss vor ep. 202, im Frühling
375, geschrieben sein.[2])

Verwickelter ist die zweite Reihe von Ereignissen, auf
welche sich von ep. 226, 1 der Blick öffnete (vgl. oben S. 19 f.),
diejenige, die den Bruch B.'s mit Eustathius in sich schliesst.
In dreien der schon chronologisch fixierten Briefe, 223, 224
und 244, vornehmlich in dem letzteren, giebt B. selbst eine
Darstellung dieser Geschehnisse. Von dieser Darstellung ist
auszugehen, obgleich sie natürlich parteiisch ist. Wir hören
hier, dass B. in der Zeit vor seinem Episkopat in enger freund-
schaftlicher Verbindung mit Eustathius gestanden und um die
Verdächtigungen seiner dogmatischen Haltung sich nicht ge-
kümmert hat.[3]) Als B. Bischof geworden war, bethätigte
Eustathius diese Freundschaft dadurch, dass er dem B. zur
Hilfe und zur Bekundung der Liebesgemeinschaft einige der
Seinen zuwies,[4]) — Mönche,[5]) deren Aufgabe wohl die gewesen

---

[1]) Ep. 216 p. 323 E sq.
[2]) Basilius lädt in ep. 200 p. 298 D den Amphilochius ein auf den
7. September zum Fest des Eupsychius. Nach ep. 231 p. 354 D (Ende 375)
hat Amphilochius Gelegenheit gehabt, sich selbst davon zu überzeugen,
dass B.'s Werk de spiritu sancto fertig ist; — er wird der Einladung
zum 7. September gefolgt sein. Die pontische Reise muss dann (vgl.
Garnier, vita 33, 5) nach dieser Feier unternommen sein.
[3]) Ep. 223, 3 p. 338 AB.
[4]) Ib. p. 338 BC.
[5]) Das folgt aus ep. 119; vgl. ep. 119 p. 210 D mit 211 AB.

ist, dem B. bei der Begründung seines mit dem Ptochotrophium verbundenen Klosters[1]) zu unterstützen. Mit diesen Mönchen machte B. schlechte Erfahrungen: sie täuschten sein Vertrauen; Aufseher und Spione, so sagt er später, seien sie gewesen.[2]) Dennoch blieb die Freundschaft mit Eustathius äusserlich bestehen; ein und das andere Mal konstatierten beide auch ihre dogmatische Uebereinstimmung.[3]) Doch wurden B. die Verleumdungen immer störender, die wegen seiner Verbindung mit Eustathius gegen ihn, zumal in Nikopolis, erhoben wurden.[4]) Um den Verleumdern den Mund zu stopfen und zugleich um den Eustathius den Nikopolitanern als vertrauenswürdig erscheinen zu lassen, nahm dann B. seine Zuflucht zu schriftlicher Konstatierung der dogmatischen Korrektheit des Eustathius. Ein schriftliches Bekenntnis wurde aufgesetzt, von B. überbracht und von Eustathius unterschrieben. Zugleich wurde eine zweite Zusammenkunft verabredet, auf der auch die Bischöfe aus B.'s Metropolitansprengel die Gemeinschaft mit Eustathius bethätigen sollten. B. und die Seinen erschienen zu dem verabredeten Termin an dem in B.'s Kirchengebiet liegenden in Aussicht genommenen Orte. Von der Gegenseite aber war niemand da, und die Boten, die B. dem andern Teile entgegengeschickt hatte, meldeten, man sei auf jener Seite unwillig gewesen, weil B. einen neuen Glauben vertrete. Dann brachte zwar ein Bote einen Brief von der Gegenseite; aber der war nur geschrieben, die Form zu wahren, schwieg von allem, worüber man anfangs einig geworden war. Bischof Theophilus (von Kastabala) sandte mündlich — einen Brief umging er schon, um B. nicht als Bischof anreden zu müssen — unfreundliche Botschaft. Beschämt zogen B. und die Seinigen ab. Eustathius aber reiste alsbald nach Cilicien und sagte nach seiner Rückkehr brieflich dem B. die Kirchengemeinschaft auf.[5]) Als Grund hierfür wurde geltend gemacht, dass B. dem Apollinaris (von Laodicea) einen Brief geschrieben habe und dass er mit dem Presbyter Diodor Kirchengemeinschaft

---

[1]) Vgl. Garnier, vita 24, 1, speciell p. CXV bB.
[2]) Ep. 223, 3 p. 338 BC.
[3]) Ib. p. 338 C.
[4]) Ep. 244, 2 p. 377 BC.
[5]) Ep. 244, 2 p. 377 sq.

halte.¹) Neue Anklagen brachte ein geflissentlich in ganz Pontus und Galatien, ja bis nach Bithynien und dem Hellespont hin verbreiteter Brief des Eustathius an einen gewissen Dazizas: hier wurde B. als ein intriganter Seelen- und Kirchenverderber hingestellt, insonderheit sein Verfahren bei der Vorlegung des schriftlichen Glaubensbekenntnisses als ein unwahres und hinterlistiges ausgegeben.²)

Man sieht aus dieser Darstellung: das für den Bruch entscheidende Ereignis ist die dem Eustathius abgenötigte Unterschrift zu einer Glaubenserklärung gewesen. Die verhängnisvolle Urkunde liegt in ep. 125 vor: einem dogmatischen Exposé, das mit erläuternden dogmatischen Näherbestimmungen ganz allgemein als Bedingung der Kirchengemeinschaft die Zustimmung zum Nicaenum und die Verurteilung derer aufstellt, die den hl. Geist ein $\varkappa\tau\iota\sigma\mu\alpha$ nennen, hat Eustathius hinzugefügt: „Ich, Bischof Eustathius, habe, indem ich Dir Basilius [das Vorstehende] vorlas, Kenntnis genommen, habe dem vorstehend Geschriebenen zugestimmt und unterschrieben in Gegenwart von u. s. w."³) Die hier urkundlich bezeugte, nach ep. 226, 1 (vgl. oben S. 20) ins Jahr 373 gehörige Zusammenkunft zwischen B. und E. hat eine längere Vorgeschichte gehabt, deren Rekonstruktion für die Basilius-Briefe zweier Jahre den Rahmen schafft.

Aus den zusammengehörigen Briefen 95, 98 und 99⁴) erfahren wir Folgendes. B. ist durch Meletius von Antiochien (der damals in Armenien im Exil lebte) und durch Theodot von Nikopolis eingeladen, Mitte Juni mit ihnen in Phargamus,⁵) wo alljährlich anlässlich eines Heiligenfestes eine zahlreich

---

¹) Ep. 244, 3; 223, 4; 224, 2.

²) Ep. 244, 5. In ep. 131 heisst dieser Mann Dazinas.

³) Ep. 125, 3 p. 217 B.

⁴) Die Zusammengehörigkeit von ep. 98 und 99 macht ihr ganzer Inhalt evident; und dass die beiden Briefe an Eusebius von Samosata, 95 und 98, in dieser Reihenfolge einander schnell gefolgt sind, wird nach einer Vergleichung des Schlusses von ep. 95 und des ersten Absatzes von ep. 98 auch niemand bezweifeln können.

⁵) Ueber die Lage dieses Ortes weiss man nichts Näheres (Ramsay S. 314). Dass es in der Nähe von Nikopolis gelegen haben muss, beweisen die Ereignisse, um die es hier sich handelt (vgl. S. 25 Anm. 1).

besuchte Synode stattfand,[1]) zusammenzutreffen. B. will, wie er dem Eusebius von Samosata 30 Tage vor dem Termine schreibt, der Einladung Folge leisten, wenn auch Eusebius kommt, anderenfalls will er auf der Reise, die er anzutreten im Begriff ist, den Eusebius in Samosata besuchen, die Zusammenkunft mit den Bischöfen aber auf eine künftige Zeit versparen. Auf der Reise macht B. Station in Sebaste und überzeugt sich davon, dass die Verdächtigung der Orthodoxie des Eustathius grundlos ist.[2]) Zugleich erhält er hier die Nachricht, dass Eusebius nach Phargamus nicht kommen kann.[3]) Er giebt nun auch seinerseits den Plan auf, dorthin zu gehen: er fürchtet sich, ohne Eusebius in der Versammlung der ihm nicht geneigten Bischöfe zu erscheinen, und findet einen äusseren Grund für sein Fernbleiben darin, dass man ihn nur gelegentlich eingeladen, aber dann niemanden ihm entgegengeschickt habe, der ihn geleite. Nach dem Feste will er nach Nikopolis sich begeben, um dort mit Meletius zu verhandeln und eventuell mit diesem die Reise nach Samosata zu unternehmen.[4]) Ein kaiserlicher Auftrag, im Einvernehmen mit Theodot von Nikopolis in Armenien Bischöfe einzusetzen,[5]) führte ihn so wie so von Sebaste über Nikopolis.[6]) Auf dem Landgut des

---

¹) Tillemont (IX, 185) unterscheidet die „Synode" in Nikopolis, zu welcher B. nach ep. 99, 2 eingeladen war, und die Festfeier in Phargamus, zu der man nach ep. 95 ihn gebeten hatte. Da B. Phargamus als ausgezeichnet bezeichnet τῇ πολυανθρωπίᾳ συνόδου τῆς κατὰ ἔτος ἑκάστον παρ᾽ αὐτοῖς τελουμένης (ep. 95 p. 189 C), da Phargamus in der Nähe von Nikopolis gesucht werden muss (vgl. ep. 98, 1 mit ep. 95), und da B. von der Reise nach Phargamus' „ein Zusammentreffen mit den Bischöfen" erwartet (ep. 95 fin.), so erscheint diese Unterscheidung unnötig.

²) Ep. 98, 2 und 99, 2. Ep. 98 wird in Sebaste geschrieben sein.

³) Ep. 98, 1.

⁴) Ep. 98, 1. Dass Basilius in ep. 99, 2 die Sache so darstellt, als sei die Zusammenkunft lediglich dadurch vereitelt, dass nach dem ihm ärgerlichen Besuch B.'s bei Eustathius οἱ περὶ Θεόδοτον οὐκέτι ἡμᾶς εἰς τὴν σύνοδον προτρέψασθαι κατηξίωσαν (p. 194 B), ist weder fein noch wahrhaftig, aber lehrreich: es beweist, welches Mass von parteiischer Unwahrhaftigkeit man dem Basilius zutrauen darf.

⁵) Ep. 99, 4, vgl. 1.

⁶) Garnier (vita 24, 6) setzt zwischen die, wie er meint, in Sebaste abgebrochene Reise, welche durch die Einladung des Meletius und Theodot angeregt wurde, und die Reise nach Armenien eine Zusammenkunft mit

Meletius, in Getasa,[1]) traf er dann mit Theodot von Nikopolis zusammen. Dieser, so erzählt nun B.,[2]) machte ihm Vorwürfe über seine Verbindung mit Eustathius und behauptete, dass E. selbst in Abrede gestellt habe, mit B. einig geworden zu sein. Er selbst, Basilius, habe dann vorgeschlagen,[3]) dass dem E. eine schriftliche Glaubenserklärung vorgelegt werde: wenn er diese unterschreibe, wolle er, Basilius, in Kirchengemeinschaft mit ihm bleiben. Meletius und auch Theodot habe dem zugestimmt, und Theodot habe, Getasa verlassend, ihn eingeladen nach Nikopolis zu kommen: dann wolle er ihn weiter geleiten nach Satala. Doch als dann B. nach Nikopolis gekommen

---

den Bischöfen von Cappadocia secunda und die Aussöhnung mit ihrem Metropoliten Anthimus von Tyana. Ich will nicht weiter ausführen, inwiefern dann mehrere Stellen in ep. 98 und 99 unverständlich werden, will nicht betonen, dass die Zeit zu einer solchen Zusammenkunft gar nicht ausreicht; — entscheidend ist allein schon dies, dass der Grund, der Garnier (und halb und halb schon Tillemont IX, 182) bestimmt hat, vielmehr ein Gegengrund gegen diese Annahme ist. Garnier schliesst nämlich aus ep. 98, 2: ἐπισκόποις δὲ τοῖς ἐκ τῆς δευτέρας Καππαδοκίας συντυγχάνειν ἐμέλλομεν, dass diese Zusammenkunft zur Zeit der ep. 98 noch zukünftig gewesen sei (vgl. p. CXIX aB). Doch macht das Imperfect ἐμέλλομεν diese Annahme unmöglich. Die Zusammenkunft hatte stattfinden sollen, sie war aber — schon Tillemont (IX, 182) hielt auch diese Erklärung für möglich — nicht zustande gekommen. Ganz unhaltbar ist übrigens auch die Annahme, diese (faktisch gar nicht zustande gekommene) Zusammenkunft mit den Bischöfen des zweiten Kappadoziens habe bereits den Friedensschluss zwischen Basilius und Anthimus gebracht. In der Zeit, da Gregor von Nazianz Bischof von Sasima wurde — und die Weihe ist zur Zeit der ep. 98 (vgl. 98, 2 p. 192 CD) kürzlich geschehen, vielleicht gelegentlich der περιοδεία, die B. gleich nach Ostern in seinem Bezirk vornahm (ep. 95 p. 189 B) —, waren Basilius und Anthimus vom Friedenschliessen noch weit entfernt (vgl. Gregor. Naz. ep. 48 u. 50, Migne 37, 97 ff.).

[1]) Ramsay S. 308 nennt Getasa unter den Orten, von denen man nur wisse, dass sie in Kappadozien lagen. Allein das ist irrig: Getasa muss nicht weit von Nikopolis, also in Armenia prima, gelegen haben. Das ist Ramsay entgangen, weil er die ep. 99 des Basilius, die er bei Getasa als einen Brief Gregors von Nazianz citiert, offenbar nicht gelesen hat.

[2]) Ep. 99. Schon in 99, 1 erwähnt B., was er dann (nach einem Zurückgreifen in Nr. 2) in Nr. 3 genauer erzählt.

[3]) B. sagt zwar ep. 99, 2, dass er schon vor dem Zusammentreffen mit Theodot einen solchen Plan gehabt habe, doch wird dies unwahrscheinlich, wenn man bedenkt, dass B. den Plan, „mit den Bischöfen zusammenzutreffen," aufgegeben hatte (ep. 98, 1; vgl. oben S. 25 mit Anm. 4).

war, stellte Theodot sich wieder gänzlich fremd und vermied
jede Bethätigung der Kirchengemeinschaft mit Basilius —
wegen seiner Verbindung mit Eustathius; Basilius unternahm
die Reise nach Armenien hinein allein.

Erscheint in dem über die Zusammenkunft in Getasa
berichtenden, in Satala geschriebenen [1]) Briefe 99 der Gedanke,
dem Eustathius eine Erklärung über den Glauben zur Unterschrift vorzulegen, als ein Plan der Zukunft, so blickt andererseits ep. 130 (an Theodot) auf die Ausführung des Planes
zurück. B. entschuldigt sich hier bei Theodot darüber, dass
er ihm, „seit er ihn verlassen habe, um dem Eustathius jene
den Glauben betreffenden Propositionen zu überbringen," über
die Angelegenheit nicht geschrieben habe, und erwähnt zugleich
die aus ep. 244 (vgl. oben S. 23) schon bekannten Vorgänge,
die der Vorlegung jener Propositionen folgten: das Nicht-
erscheinen des Eustathius zu der verabredeten Zusammenkunft
und seine Reise nach Cilicien. Die durch dies zweite Zusammentreffen mit Theodot unmittelbar vor der Vorlegung der
ep. 125 schon wahrscheinlich [2]) gemachte zweite Anwesenheit
B.'s in Nikopolis wird zweifellos durch ep. 127 an Eusebius
von Samosata. Denn wenn B. hier schreibt, dass er über die
schmerzlichen Erfahrungen, die er in Nikopolis gemacht habe,
nicht reden wolle, damit er „nicht den Schein erwecke, als
wolle er diejenigen, die infolge eines Gesinnungswechsels seine
Freunde geworden seien, durch eine Erwähnung dessen, worin
sie (vordem) gefehlt hätten, an den Pranger stellen," so ist
dies aus dem, was wir über die erste Anwesenheit B.'s in
Nikopolis wissen, unerklärlich. Auf die zweite Anwesenheit
B.'s in Nikopolis aber passt es vortrefflich, wenn man — und
dies ist das einzig Richtige — unter den ἐκ μεταβολῆς φίλοι
γενόμενοι Theodot und seine Gesinnungsgenossen versteht.[3])

---

[1]) So nach ep. 99, 4 p. 195 mit Recht schon Tillemont IX, 190, zögernd
auch Garnier, vita 24, 8.

[2]) Möglich wäre ja auch, dass B. den Theodot nicht an seinem
Bischofssitze, sondern etwa wieder in Getasa getroffen hätte.

[3]) Schon Tillemont (IX, 198 f.) hat unsicher an diese Deutung der
Stelle gedacht; Garnier hat sie (26, 4 p. CXXV) mit nichtigen Gründen
beiseit geschoben und die unmögliche (vgl. S. 25 f. Anm. 6) Hypothese
aufgestellt, dass Anthimus von Tyana und die Seinen gemeint seien.

Auch ep. 126 muss sich auf diese zweite Anwesenheit B.'s in
Nikopolis beziehen. Denn wenn B. hier beklagt, dass er den
Adressaten, Atarbius, in Nikopolis nicht getroffen, vielmehr
dort gehört habe, dass er aus Nikopolis schleunigst entwichen
sei, als die von den Bischöfen der Gegend — „παρ᾽ ὑμῶν“,
schreibt B. dem Atarbius — dort gehaltenen synodalen Beratungen erst ungefähr halb zu Ende waren, so kann hier
nicht die Synode gemeint sein, deren Abschluss B. erwartete,
ehe er zum ersten Male nach Nikopolis kam. Denn in diesem
Falle wäre das Staunen B.'s über die Abreise des A. sehr
unnatürlich. Basilius ist also bei seiner zweiten Anwesenheit
in Nikopolis noch zur Zeit der synodalen Beratungen dort
angekommen; er hat diesmal die Zusammenkunft mit den
Bischöfen, die er zur Zeit der ersten Anwesenheit in Nikopolis
auf gelegenere Zeit aufschob, gesucht. Dabei hat er schmerz-
liche Erfahrungen machen müssen. Doch verständigste er sich
mit Theodot — dieser wurde ἐκ μεταβολῆς nun sein Freund —
und Basilius verliess ihn, um nun die Propositionen über den
Glauben dem Eustathius vorzulegen. Es wird daher wohl auf
gute Ueberlieferung zurückgehen, wenn Leontius von Byzanz
die ep. 125, die Urkunde, die Eustathius unterschrieb, als eine
epistola synodica bezeichnet,[1]) die B. überbrachte: B. ging
nach Sebaste, dazu bestimmt durch die Synode in Nikopolis,
der er angewohnt hatte.

Die für die Chronologie entscheidende Frage ist nun, ob
diese zweite Anwesenheit B.'s in Nikopolis auf die Rückreise
von Armenien verlegt werden kann, oder einer zweiten Reise
in diese Gegend und eventuell einem anderen Jahre angehört.
Tillemont und Garnier haben sich für das Zweite entschieden,
und der Beweis für diese ihre Annahme wäre leicht zu führen,
wenn man mit ihnen ep. 129 (an Meletius) der ersten Zeit
nach dem Bruche mit Eustathius zuschreiben könnte. Denn
ep. 129, 3 setzt voraus, dass der Presbyter Sanctissimus „längst“
bei Meletius angekommen ist, gehört also dem weiteren Verlaufe

---

[1]) Adv. Nestor. et Eutych. 1 (Canisius-Basnage, Lectiones antiquae
I, 548; — der griechische Text dieser χρήσεις ist noch nicht publiziert)
citiert er eine Stelle der ep. 125 (Garnier III, 215 B) mit dem Lemma:
Basilii ex epistula synodica, in qua fecit subscribere Eustathium etc.

des Jahres an, in dessen Frühling[1]) epp. 120 und 121 geschrieben sind, die Basilius dem Sanctissimus für Meletius und Theodot mitgab, als er, Sanctissimus, von Caesarea aufbrach. Ep. 120 und 121 ·erwähnen den Bruch mit Eustathius noch nicht, ep. 129 setzt ihn voraus, der Bruch wäre demnach zu datieren auf die Zeit zwischen Frühjahr 373 und der ep. 129, die nur durch wenige Monate von ep. 120 getrennt sein kann. Während dieser Zeit zwischen ep. 120 und 129 kann Basilius den Meletius nicht gesehen haben — er hätte sonst mündlich mit ihm über die durch Sanctissimus angeregten Fragen verhandelt —; die Scene in Getasa, der Meletius beiwohnte, muss daher in den Sommer zum mindesten des Jahres 372 zurückgeschoben werden. — Dasselbe liesse sich unter der Voraussetzung, dass ep. 129 und also auch 120 dem Jahre des Bruches mit Eustathius, 373, angehören, auch durch eine zweite Reihe von Argumenten darthun. Denn gleichzeitig mit ep. 120 ist ep. 122 an Bischof Poemenius von Satala geschrieben.[2]) Nun hatte aber Satala noch keinen Bischof, als B. von Getasa aus dorthin kam: die Satalenser baten damals, dass B. ihnen einen Bischof gäbe.[3]) In der Zwischenzeit erst zwischen B.'s Aufenthalt in Satala und ep. 122 hatte B. den Poemenius bestellt.[4]) Auch dies würde beweisen, dass B.'s Reise von Getasa nach Satala zum mindesten in das Jahr 372 zurückzuweisen wäre.

Das Resultat, das aus der Anordnung der Briefe 120, 121, 122 und 129 durch Tillemont und Garnier für die Datierung des Bruches mit Eustathius sich ergiebt, halte auch ich, wie sich zeigen wird, für richtig. Aber auf ep. 120, 121, 122 und 129 kann man es nicht gründen. Denn diese Briefe sind, wie sich unten noch von anderer Seite her bestätigen wird, jünger, als Tillemont und Garnier annehmen. Unter den Gründen hierfür seien hier nur genannt: dass ep. 121 an Theodot vor der Aussöhnung mit ihm kaum verständlich ist; dass ep. 122 nicht den Eindruck macht, als sei Poemenius

---

[1]) Vgl. ep. 121 Eingang.
[2]) Die Gleichzeitigkeit folgt daraus, dass ep. 120 p. 212 B und ep. 122 p. 213 B in ganz gleicher Weise die Weihe des Faustus durch Anthimus erwähnen.
[3]) Ep. 99, 4 p. 195 C.
[4]) Vgl. ep. 102 und 103.

höchstens erst wenige Monate Bischof; dass in der Winter-
zeit zwischen Herbst 372 und Frühjahr 373 zu der Bestellung
zweier Briefe von Caesarea nach Satala (ep. 102 und 103) kaum
die Möglichkeit gewesen sein wird;[1]) endlich, dass die Angabe
in ep. 122, Anthimus von Tyana habe „schon vor langer Zeit"
seinen Frieden mit B. gemacht, auf das Frühjahr 373 nicht
passt.[2]) Doch kann man zu dem von Tillemont und Garnier
angenommenen Resultate auch auf anderem Wege kommen.

Zweifellos im Jahre des Bruches mit Eustathius ist ep. 138
an Eusebius von Samosata geschrieben. Das folgt nicht nur
daraus, dass hier[3]) gesagt ist, die, welche in Sebaste auf B.'s
Seite stünden, hätten, nachdem sie das äusserlich verharschte
Geschwür der Irrgläubigkeit E.'s blossgelegt hätten, kirchliche
Versorgung von B. sich erbeten; auch die ganze Stimmung des
Briefes ist so, wie sie nach ep. 244, 4 gleich nach dem Bruche
bei B. war. Aus diesem Briefe 138 nun ist ersichtlich,[4]) dass
B. im Vorjahre in Samosata gewesen ist. Dadurch ist die
Reise nach Sebaste-Getasa-Satala ins Jahr 372 verwiesen;
denn auf dieser Reise plante B. einen Besuch in Samosata.[5])
Noch im Juli oder Anfang August, als er mitten in Armenien
war, hatte B. damals den Plan, nach Samosata zu kommen,
trotz seines schlechten Befindens nicht aufgegeben.[6]) B. hat

---

[1]) Vgl. ep. 156, 2.

[2]) Vgl. oben S. 25 Anm. 6 fin. Garnier ist in der Rekonstruktion des
Streites mit Anthimus wenig glücklich gewesen: nach ep. 122 muss er
annehmen, dass Anthimus Frühjahr 373 „schon vor langer Zeit" mit B.
sich vertragen habe, und doch glaubt er, dass der, wie er meint, im Juni 372
(vgl. S. 25 Anm. 6) geschlossene Friede mehrere Wochen nach ep. 122,
zur Zeit der ep. 127, noch ein so junges Leben gehabt habe, dass er die
zarteste Rücksicht verlangte (vgl. S. 27 Anm. 3).

[3]) Ep. 138, 2 p. 230 A.

[4]) Ep. 138, 1 fin.

[5]) Ep. 95 fin.; 98, 1 fin.; vgl. oben S. 25.

[6]) Ep. 100, geschrieben, als der Eupsychiustag (7. Sept.) schon nahte,
ἐν τῇ γείτονι (scil. τῇ Συρίᾳ — die lateinische Uebersetzung bei Garnier
ist falsch) χώρᾳ τῆς Ἀρμενίας, p. 196 A. — Gegen diese auch von Garnier
befolgte Datierung der ep. 100 auf Sommer 372 könnte man einwenden,
dass der Satz: ἐὰν δὲ ὁ θεός, ἕως ἐσμὲν ὑπὲρ γῆς, καταξιώσῃ ἡμᾶς ἰδεῖν
ἐπὶ τῆς ἐκκλησίας ἡμῶν τὴν σὴν θεοσέβειαν, nur erklärlich sei, wenn
Eusebius noch nie in Caesarea gewesen sei. Nun aber war Eusebius 370
in Caesarea, wie aus Brief 48 hervorgeht, der im Winter nach Eusebs

also 372 die Rückreise nach Caesarea über Samosata unternommen, Nikopolis wahrscheinlich gar nicht wieder berührt.

Die Reise nach Sebaste-Getasa-Satala und der Bruch mit
Eustathius sind also mindestens durch den Herbst und Winter
372 auf 373 von einander geschieden. Eine genauere Datierung
des Bruches innerhalb des Jahres 373 ermöglicht die Wahr-
nehmung, dass B. nach der, wie wir schon sahen (vgl. S. 30),
nach dem Bruche mit Eustathius geschriebenen ep. 138 zur
Zeit der Abfassung dieses Briefes schon 50 Tage krank war.[1])
Diese Krankheit, die noch im Herbst (ep. 139[2])) und im Anfang
des Winters 373 (ep. 156[3])) andauerte, muss dem Basilius zum

Besuch — als schon 2 Monate strenger Winter gewesen war — geschrieben
ist, zu einer Zeit, da Basilius die Einsetzung des Demophilus in Konstantinopel (sicher 370) als, freilich altbackene, Neuigkeit mitteilen konnte,
— also Ende 370 oder Anfang 371. Allein in ep. 100 macht die Gegen-
sätzlichkeit eines Kommens E.'s nach Caesarea zu dem geplanten Besuche
B.'s in Samosata (ἐὰν δὲ) den eingangs citierten Satz trotz des fehlenden
πάλιν verständlich, auch wenn E. schon 2 Jahre vorher einmal in Caesarea
war. — Ja, dass B. in ep. 100 p. 196 A seinen Wunsch, nach Samosata zu
kommen, als eine παλαιὰ ἐπιθυμία bezeichnet, deren Nichterfüllung ihm
besonders schmerzlich erscheinen würde, passt vortrefflich dazu, dass
der 372 geplante Besuch ep. 95 p. 189 D als Bezahlung einer vorjährigen
Schuld (περυσινὸν χρέος) bezeichnet wird: 370 war Eusebius in Caesarea,
371 wollte Basilius nach Samosata kommen, 372 führte er endlich den
Besuch aus.

[1]) Ep. 138, 1 p. 229 B.

[2]) Ep. 139 tröstet die Alexandriner anlässlich der Verfolgung, die
in der ersten Zeit des Bischofs Petrus, des Nachfolgers des Athanasius
(† 2. Mai 373), dort ausgebrochen war und noch andauerte, während der
Gesandte des römischen Bischofs Damasus, der dem Petrus die Glück-
wünsche zu seiner Stuhlbesteigung überbrachte, in Alexandria weilte (ep.
Petri Alex. bei Theodoret h. e. 4, 22, speciell § 27). Da der Brief den
Tod des Athanasius nicht erwähnt, mithin jünger ist, als der erste (doch
gewiss nicht vor Juni 373 geschriebene) Brief B.'s an Petrus (ep. 133),
und da B. sagt, dass „schon längst" das Gerücht ihm die Kunde von der
Verfolgung gebracht hätte (ep. 139, 1 p. 230 D), und dass er πολὺν χρόνον
(ib. 231 A) mit dem Briefe gewartet habe, so kann der Brief nicht vor
Herbst 373 geschrieben sein.

[3]) Ep. 156 setzt voraus, dass Evagrius, der Adressat, der zur Zeit
der ep. 138 durch Kappadozien nach Antiochien reiste, dort schon solange
weilt, dass B. Nachricht über seine Stellung zum antiochenischen Schisma
hatte erhalten können. Da der dicke Winter vor der Thür steht (ep. 156, 2
p. 246 A), ergiebt sich obige Datierung.

mindesten etwa seit Mitte Juli[1]) das Reisen unmöglich gemacht haben. Die Reise B.'s nach Nikopolis und von da nach Sebaste muss daher Mitte Juli schon hinter B. gelegen haben; in den Frühling 373 wird, wie schon oben aus anderen Gründen wahrscheinlich wurde (vgl. oben S. 20 Anm. 1), der Bruch mit Eustathius gesetzt werden müssen. Da B., ehe er sich mit ep. 125 nach Sebaste begab, einer Synode in Nikopolis anwohnte, in Nikopolis (bezw. Phargamus) aber alljährlich Mitte Juni eine Zusammenkunft der Bischöfe stattfand,[2]) so ist es vielleicht nicht zu kühn, anzunehmen, B. sei zu dieser Juni-Synode nach Nikopolis gekommen, die Vorlegung der ep. 125 also auf die nächsten Tage nach Mitte Juni 373 zu datieren.[3])

Es bedürfen nun nur noch zwei der Briefe, die sich auf den Bruch mit Eustathius beziehen, der Besprechung: ep. 128 an Eusebius von Samosata und ep. 119, ein Brief B.'s an Eustathius selbst mit Klagen über die Verleumdungen, die Basilius und Sophronius — die Mönche oder zwei der Mönche, die Eustathius dem B. überwiesen hatte (vgl. oben S. 22) — gegen ihn in die Welt gesetzt hatten. Es ist zweckmässig, den jüngeren dieser Briefe, ep. 128, zunächst vorzunehmen. Tillemont[4]) fand in diesem Briefe bezeugt, dass B. nach der Unterzeichnung der ep. 125 durch Eustathius noch einmal Verhandlungen mit ihm versucht habe; Garnier[5]) entnimmt ihm, dass Eusebius von Samosata nach der Unterzeichnung der ep. 125 einen Versuch gemacht habe, die einstigen Freunde miteinander zu versöhnen. Mir will keine dieser beiden Auffassungen einleuchten. Garnier hat darin Recht, dass die Fragen, die B. nach ep. 128, 2 dem Eustathius vorgelegt hat, sich mit dem

---

[1]) Evagrius wird, als er durch Caesarea kam (vgl. S. 31 Anm. 3), von Hieronymus begleitet gewesen sein, dieser aber kam zur Zeit glühender Hitze durch Kleinasien (ep. 3, 3 Vallarsi). Ist Anfang September der letzte Termin, der solche Hitze denkbar erscheinen lässt, so hat die Krankheit B.'s, die zur Zeit der ep. 138 schon 50 Tage dauerte, spätestens Mitte Juli begonnen. Vgl. Garnier, vita 29, 1 und 27, 4 p. CXXVIIIb.

[2]) Ep. 95; vgl. oben S. 25 Anm. 1.

[3]) Jedenfalls ist es unnötig, mit Garnier (vita 27, 4) alle Ereignisse, die der Scene in Sebaste (ep. 125) folgten, bis zu dem Briefe an Dazizas einschliesslich, vor den Juli 373 anzusetzen.

[4]) IX, 206 f.

[5]) Vita 27, 2 p. CXXVIb.

Inhalt von ep. 125 decken, daher nicht mit Tillemont auf neue
Vergleichsvorschläge B.'s gedeutet werden können; aber er
übersieht, dass die Aeusserung B.'s, Eustathius habe, anstatt
auf die klaren ihm vorgelegten Fragen schlicht zu antworten,
jene nicht gehauene und nicht gestochene Antwort zusammen-
geschustert, die Eusebius ihm übermittelt habe, undenkbar ist,
wenn E. bereits der ep. 125 durch seine Unterschrift rund und
klar zugestimmt hatte. Ep. 128 muss sich auf schriftliche,
durch Eusebius vermittelte Verhandlungen mit Eustathius beziehen, die der Vorlegung der ep. 125 vorangiengen. Damit
fällt Garniers[1]) Vermutung, dass die Zusammenkunft in Colonia,
der Basilius nach ep. 128, 1 um des Friedens willen sich nicht
entzogen hatte, die Zusammenkunft sei, die bei Unterzeichnung
der ep. 125 mit Eustathius verabredet war, aber von ihm nicht
beschickt wurde. Positiv zu sagen, was es mit diesem
Kommen B.'s nach Colonia, das der Synode von Nikopolis
vorangieng, auf sich hatte, ist unmöglich. Aber auch dies
Nichtwissen ist lehrreich: es beweist im Verein mit den durch
ep. 128 bezeugten schriftlichen Verhandlungen zwischen B. und
E., dass die Synode in Nikopolis und die Vorlegung der ep. 125
in Sebaste nicht die einzigen auf Eustathius bezüglichen Ereignisse sind, die dem Bruche unmittelbar vorangehen. — Dies
Resultat ist für ep. 119 wichtig. Da mit den Verleumdungen
der Mönche des Eustathius die Spannung zwischen B. und E.
begann (vgl. oben S. 23), zur Zeit der epp. 95 und 98 aber,
Sommer 372, von einem Misstrauen B.'s gegen E. sich noch
nichts zeigt, ist es das Nächstliegende, ep. 119 in die Zeit
zwischen Sommer 372 und Juni 373 zu setzen. Dazu passt —
die wahrscheinliche Identität der beiden Sophronius voraus-
gesetzt —, dass einer der beiden Mönche, Sophronius, noch in
dem im Herbst 372 geschriebenen Brief 105[2]) von B. als sein

[1]) Vita 27, 1 p. CXXVI aC.
[2]) Ep. 105 ist geschrieben bald nach einer Anwesenheit B.'s in Samosata.
Diese Anwesenheit B.'s in Samosata kann nur die des Jahres 372 sein.
Denn wenn auch B. schon vor Herbst 370 einmal in Samosata gewesen
ist (vgl. darüber unten zu ep. 34), so ist eine Beziehung der ep. 105 auf diesen
Besuch doch ausgeschlossen; denn die starke Betonung der Gottheit des
hl. Geistes in ep. 105 ist trotz adv. Eunomium III in einem Briefe wie ep. 105
vor 370 nicht wohl denkbar (vgl. Garnier, vita 18, 2 ff. p. XCV sqq.).

lieber Sohn bezeichnet wird. Allein gegen eine Datierung der
ep. 119 auf die Zeit nach Herbst 372 scheint zu sprechen, dass
nach ep. 223 (vgl. oben S. 23) B. und E. auch nach jenem Vertrauensbruch der Mönche noch ein und das andere Mal (ἅπαξ
καὶ δίς) über den Glauben sich verständigten. Das eine Mal kann
das durch die Unterzeichnung der ep. 125 bezeugte sein. Doch
das andere? Wir können es nicht sagen. Aber nach dem
eben zu ep. 128 Bemerkten kann dies kein Grund dagegen
sein, ep. 119 der Zeit nach Herbst 372 zuzuweisen. Der Brief
wird, da dem Vertrauensbruch der Mönche noch eine Zeit
leidlicher Freundschaft gefolgt ist,[1]) in den Winter 372 auf
373 gehören.[2]) —

Von allen übrigen Basilius-Briefen sind nur noch drei für
Eustathius von Bedeutung: ep. 79, ein noch von unbegrenzter
Verehrung gegenüber Eustathius zeugender Brief des Basilius
an Eustathius aus der Zeit nicht lange vor der Ankunft des
Kaisers in Caesarea (Anfang 372[3])) — der Präfekt und der
Oberstkämmerer sind bereits in Caesarea eingetroffen —, also
aus dem Ende des Jahres 371; ep. 92, ein Brief an die Bischöfe
von Italien und Gallien, unter dessen 32 Absendern auch
Eustathius mit genannt ist,[4]) und ep. 263 an die Occidentalen
mit den schwersten Anklagen gegen Eustathius.

Die beiden letzteren Briefe gehören der Korrespondenz
des B. mit dem Occident an, deren Chronologie bis in die
Gegenwart hinein der Forschung Not gemacht hat. Das

---

[1]) Ep. 223, 3 p. 338 C.

[2]) Die Zusammenfassung der gewonnenen Resultate suche man unten
in der Tabelle.

[3]) Dass Valens im Sommer 371 durch das westliche Kleinasien zog,
am 6. Januar (Greg. Naz. or. 43, 52 Migne 36, 561 C) 372 in Caesarea das
Epiphaniasfest feierte und am 13. April 372 in Antiochien war (Gwatkin
S. 295; Reiche, Chronologie der letzten 6 Bücher des Ammianus Marcellinus,
Diss. phil. Jenensis 1889, S. 35), steht unabhängig von der Datierung der
Basilius-Briefe fest.

[4]) Dass der Eustathius dieses Briefes Eustathius von Sebaste ist,
darf, obwohl die Bischofssitze nicht angegeben sind, als sicher angesehen
werden. Zunächst schon deshalb, weil Eustathius von Sebaste den Occidentalen seit seiner Gesandtschaftsreise in den Occident (im Jahre 366)
bekannt war, ein anderer Eustathius deshalb wohl als solcher bezeichnet
worden wäre, sodann, weil die Stellung des Namens neben dem des
Theodot (von Nikopolis) geographisch nach Sebaste weist.

Material kann nur im Ganzen übersehen werden; es wird daher zweckmässig sein, eine Uebersicht über die Datierung Tillemonts und Garniers vorauszuschicken:

Tillemont:	Tillemont und Garnier:	Garnier:
	371 Frühjahr: ep. 66 + 67 durch den Diakon Dorotheus an Athanasius;[1]	
bald nach Abreise des Dorotheus ep. 82 an Athanasius.[2]		
	Athanasius sendet mit dem zurückkehrenden Dorotheus den Petrus.[3] 371 Herbst: B. schickt mit ep. 68 (an Meletius), 69 (an Athanasius), 70 (an Damasus) Dorotheus über Antiochia und Alexandria nach Rom.[4]	
		Während Dorotheus in Rom ist, ep. 82 an Athanasius.[5]
	371 auf 372 Winter: Römische Synode unter Damasus: das Schreiben „Confidimus" an die Orientalen.[6] 372 Dorotheus kehrt zurück, ziemlich gleichzeitig mit Sabinus (Till.) oder in Begleitung (Garnier) des Sabinus, des Ueberbringers der ep. „Confidimus"; er bringt mit sich einen	

[1] Till. IX, 137 f.; Garnier 17, 2 p. XCIII; vgl. XCIV b.
[2] IX, 139.
[3] Nach ep. 69, 1.
[4] Till. IX, 140 ff.; Garnier 17, 4.
[5] Garnier 21, 2.
[6] Till. IX, 170; Garnier 22, 3; Mansi III, 459.

Tillemont:	Tillemont und Garnier:	Garnier:
	Brief der Occidentalen an Athanasius	und Athanasius' Antwort auf ep. 82.
	Basilius schreibt nun ep. 90, 91, dazu 89 an	und 92
Meletius dann auf B.'s Aufforderung ep. 92.	Meletius. Durch Sabinus gehen epp. 90, 91, 92 nach Rom.[1])	
373 kommt dann, wohl infolge der Bitte durch Sabinus, der occidentalische Presbyter Sanctissimus;		373 werden neue Verhandlungen angeregt, als der antiochenische Presbyter Sanctissimus nach Kleinasien kommt;
	Sanctissimus reist dann bei den orientalischen Bischöfen herum,	
Basilius giebt dem Sanctissimus bei seinen Reisen epp. 253—256 mit, auch	ep. 120 an Meletius, Ostern 373, überbringt er, und noch ep. 129 (Till. Herbst; Garnier Sommer 373) nimmt auf seine Reisen Rücksicht;	
Basilius schickt dann, bald nachdem im Herbst 373		geschickt aber wird jetzt niemand, auch dann, nachdem im Sommer
	Evagrius aus dem Occident nach Caesarea gekommen war und die Briefe der Orientalen zurückgebracht hatte,	
in Begleitung des Sanctissimus den von dem gleichnamigen Diakonen zu unterscheidenden Presbyter Dorotheus im Herbst 373 oder Anfang 374 in den Occident.[3])		wurde aus einer neuen Gesandtschaft in den Occident nichts.[2])

---

[1]) Tillemont 170—174; Garnier 22, 4. 5.
[2]) Garnier 26, 1; vgl. 35, 6.
[3]) Tillemont IX, 219—223.

Tillemont:	Tillemont und Garnier:	Garnier:
375 kehrt Dorotheus über Thrazien zurück, wohl in Begleitung des Sanctissimus, und überbringt die Beschlüsse einer römischen Synode „Ea gratia", „Illud sane" und „Non nobis".[1]		Doch rüstet sich der inzwischen zum Presbyter avancierte frühere Diakon Dorotheus Herbst 375 zu einer neuen Reise; 376 zu Beginn des Jahres ist er bei Euseb v. Samosata in Thrazien, reist dann nach Ostern 376 mit Sanctissimus in den Occident und überbringt epp. 242 u. 243.[2] Noch in demselben Jahre 376 kehren beide zurück mit günstigen Nachrichten;[3] Basilius schickt nun durch Sanctissimus epp. 253—256 an verschiedene Orientalen.[4]
	377 gehen dann Dorotheus und Sanctissimus abermals in den Occident mit ep. 263,[5] richten wenig aus;[6] Dorotheus hört dort von Petrus v. Alexandrien ein ungünstiges Urteil	

[1] Tillemont IX, 246 f. 259.

[2] Garnier 35, 6.

[3] Rade, Damasus S. 106 ff. bringt das Fragment „Ea gratia" (Mansi III, 460) hier unter.

[4] Garnier 35, 6 u. 36, 5.

[5] Tillemont IX, 269 ff., vgl. Not. 79 p. 680; Garnier 37, 1.

[6] Garnier (37, 2) nimmt an, dass Dorotheus jetzt das Fragment „Ea gratia" [und die folgenden] mitgebracht hätte.

Tillemont:	Tillemont und Garnier:	Garnier:
	über Meletius und Eusebius; Basilius schreibt deshalb nach der Rückkehr des Dorotheus 378 (oder Ende 377; Garnier) ep. 266 an Petrus.[1]	und Sanctissimus

Zu gänzlich anderen Resultaten ist der eingangs angeführte Artikel von Ernst in der Zeitschrift für Kirchengeschichte gekommen. Und doch hat Garnier in den Hauptsachen Recht. Die festen Punkte, von denen zunächst auszugehen ist, sind ep. 215 „an den Presbyter Dorotheus", die im Herbst 375 geschrieben ist (vgl. oben S. 21 Anm. 2), und ep. 239 an Eusebius von Samosata aus dem Frühling 376. Im Herbst 375 plante Dorotheus eine Romreise; Basilius muss ihm sagen, dass die Reise im Winter unmöglich sei. Im Frühling 376 hören wir,[2] dass Dorotheus bei Eusebius in Thrazien gewesen ist, sodass Eusebius schon vor B.'s Brief τοῖς ἐκ τῆς δύσεως προενέτυχε;[3] Basilius teilt dem Eusebius nun mit, dass Dorotheus sich vielleicht dem trefflichen Sanctissimus anschliessen werde, der grossen Eifer habe, den Orient durchwandere und von den Angesehensten (παρ’ ἑκάστου τῶν ἐπισήμων) Unterschriften und Briefe sich verschaffe. Angesichts dieses Reiseplanes des Dorotheus fragt dann Basilius den Eusebius, welcher Art Briefe abermals mitzugeben seien, wenn Dorotheus reise.[4] Diese für den Frühling oder Sommer des Jahres 376 geplante Reise des

---

[1] Tillemont IX, 274; Garnier 37, 7.

[2] Ep. 239, 2.

[3] Dieser Satz kann, da er einen neuen Gedankenabschnitt im Briefe beginnt (τοῖς δὲ ἐκ τῆς δύσεως αὐτὸς προενέτυχες) und da ihm folgt: διηγησαμένου πάντα τοῦ ἀδελφοῦ Δωροθέου nur besagen, dass Eusebius τὰ ἐκ τῆς δύσεως, die Nachrichten aus dem Occident, schon vor B.'s Brief erhalten habe. Woher das Wissen des Dorotheus über diese Dinge stammte, verrät der Brief nicht. Vgl. die folgende Anm. und unten S. 40 Anm. 5.

[4] Ep. 239, 2 p. 368 C: ποταπὰς χρὴ δοῦναι πάλιν ἐπιστολὰς τῷ ἀπιόντι. Das πάλιν gehört zu δοῦναι ἐπιστολάς (vgl. ep. 120, 1: γράμματα ἐδεξάμην . . . προστάσσοντα πάλιν γραφῆναι τοῖς δυτικοῖς), beweist also nicht, dass Dorotheus „abermals reist".

Dorotheus [mit Sanctissimus] ist ausgeführt worden: ep. 263, ein Brief der Orientalen an die Abendländer mit so harten Anklagen gegen Eustathius, wie sie erst nach Frühjahr 376 möglich und bei Basilius erst nach ep. 244 und 251 (Ende 376) denkbar sind, dankt für die Briefe, welche die Occidentalen „durch die geliebten Mitpresbyter" der Absender geschickt haben und sendet den Occidentalen πάλιν διὰ τῶν ἀγαπητῶν einen Gruss.[1]) Dass diese Presbyter Dorotheus und Sanctissimus sind, ist zwar nirgends gesagt;[2]) trotzdem ist es, da wir den Plan des Dorotheus, mit Sanctissimus zu reisen, kennen, unbedenklich anzunehmen. Zwischen beiden Reisen kann nach ep. 263 nur wenig Zeit liegen, andererseits ist ep. 263 erst nach Ende 376 geschrieben; — also sind Dorotheus und Sanctissimus 376 und abermals 377 in den Occident gereist. 377 überbrachten sie ep. 263 — das folgt aus dem Vorigen. Was aber hat man 376 ihnen mitgegeben? Die Antwort kann erst gegeben werden, wenn die Vorfrage entschieden ist, ob der Presbyter Dorotheus, der 376 und 377 in den Occident reiste, identisch ist mit dem Diakonen Dorotheus, den die Briefe 67, 68, 69, 82 und 89 erwähnen. Tillemont hat die Identität bestritten,[3]) weil der Diakon Dorotheus noch Ende 373[4]) in ep. 156, 3 als Diakon erscheine, während der Presbyter Dorotheus schon im Sommer dieses Jahres 373 mit ep. 243 nach dem Westen geschickt sei. Diese Argumentation ist unglücklich; denn die Zeit der ep. 243 ist keine sichere Grösse, mit der operiert werden kann. Es ist vielmehr davon auszugehen, dass die Identität der „beiden" Dorotheus, wenn nicht Gegengründe im Wege stehen, selbstverständlich ist:

---

[1]) Ep. 263, 1.

[2]) Das trifft zu selbst, wenn — wie auch ich glaube (vgl. unten S. 41) — ep. 243 der Brief ist, den die beiden auf ihrer ersten Reise mitnahmen, und wenn — was ich nicht glaube (vgl. unten S. 47 f. Anm.) — epp. 253 bis 256, wie Garnier annimmt, anlässlich ihrer ersten Rückkehr geschrieben wären. Denn der erstere Brief nennt als Ueberbringer allein den Dorotheus (ep. 243, 5 p. 376 A), und die letzteren knüpfen nur an an das Kommen des Sanctissimus aus dem Occident. Vgl. über diese längst (Garnier 36, 5; Rade, Damasus S. 109 f.) bemerkte Schwierigkeit unten S. 41 bei Anm. 3 und S. 46 ff. Anm. 5 fin.

[3]) IX, 221.

[4]) Vgl. oben S. 31 Anm. 3.

beide qualifizieren sich besonders gut zu Gesandtschaftsreisen, beide sind Antiochener und beide stehen in Bezug auf die antiochenischen Parteiverhältnisse in demselben Vertrauensverhältnis zu Basilius,[1]) und nirgends wird der Diakon von dem Presbyter, der Presbyter von einem Diakon gleiches Namens unterschieden.[2]) Gegengründe aber liegen nicht vor. Dann aber folgt aus ep. 156, 3 gegen Tillemont nur dies, dass ep. 243, die der Presbyter Dorotheus überbringt, nach Ende 373 abgesandt ist; denn 373 war Dorotheus noch Diakon.[3]) Im Jahre 373 ist, wie ep. 156, 3 beweist, überhaupt keine Gesandtschaft vom Orient in den Occident gegangen;[4]) — das hat Garnier bereits mit Recht betont. Dass Dorotheus 374 oder 375 im Occident gewesen sei, verbietet ep. 215 anzunehmen.[5])

---

[1]) Vgl. ep. 67 und ep. 156, 3 hier, ep. 215 kombiniert mit ep. 214 dort.

[2]) Und doch hätte das z. B. ep. 239, 2 sehr nahe gelegen. Eusebius freilich wusste, welchen Dorotheus er gesprochen hatte; aber hätte nicht dem Basilius, wäre der Presbyter ein anderer als der Diakon, die Erinnerung an den Mann, der ihm ähnlich nahe getreten war, so unweigerlich kommen müssen, dass er sich nicht begnügt hätte, nur von „dem Bruder" Dorotheus zu reden?

[3]) Vollends unmöglich ist also die Datierung der ep. 243 auf 369 (Ernst S. 654); denn ep. 156 kann nicht zurückverlegt werden.

[4]) B. schreibt ep. 156, 3 an den Evagrius: ἀποστεῖλαι μέντοι πρὸς τὴν δύσιν, ἐμοὶ μὲν παντελῶς ἐστιν ἀδύνατον. Seit der Durchreise des Evagrius durch Caesarea im Sommer 373 (vgl. oben S. 31 Anm. 3) war also niemand geschickt; die Annahme, dass in der früheren Zeit des Jahres 373 jemand ins Abendland gesandt war, schliesst ep. 138, 2 aus; und nach ep. 156 machte der Winter das Reisen unmöglich.

[5]) So nahe es liegt, aus ep. 239, 2 (vgl. S. 38 Anm. 3 u. 4) mit Tillemont zu folgern, Dorotheus sei in einer Zeit, die vor Frühjahr 376 liegt, über Thrazien aus dem Occident gekommen, so unmöglich ist doch diese Annahme angesichts der Thatsache, dass Basilius Herbst 375 voraussetzt, Dorotheus weile in Antiochien mit Reiseplänen beschäftigt, die nicht eben Reise-Erfahrungen verraten. Keine Reise-Konstruktion, die man versuchen könnte, passt zu dieser Thatsache. Und ep. 239, 2 macht wahrlich die Annahme, Dorotheus sei aus dem Occident nach Thrazien gekommen, nicht nötig. Dorotheus kann trotz ep. 215, vielleicht auch ohne sie empfangen zu haben, die Landreise versucht haben und in Thrazien hängen geblieben sein; er kann aber auch, lediglich um Eusebs Rat zu erholen, zu ihm gereist sein. Neue Nachrichten aus dem Occident konnte Dorotheus auch aus Antiochien mitbringen; ja man kann fast erraten, was B. ep. 239, 2 unter dem τὰ ἐκ τῆς δύσεως, das Eusebius durch Dorotheus erfuhr, verstanden hat: es wird die Anerkennung des Paulinus durch die Occidentalen

Also wird ep. 243 dem Dorotheus im Jahre 376 mitgegeben sein.
Dass Sanctissimus, der den Brief des Jahres 376 mit überbrachte,[1]) in ep. 243, 5 nicht mit als Ueberbringer genannt ist,
erklärt sich schon daraus, dass Dorotheus der eigentliche Bote
war, Sanctissimus nur der, dem er sich beigesellte,[2]) und wird
vollends begreiflich, wenn — wie schon Tillemont vermutete —
Sanctissimus ein Occidentale war.[3]) Dass, wie Garnier annahm,
neben ep. 243, einem Briefe des Basilius, als gemeinsamer Brief
der Orientalen ep. 242 dem Dorotheus mitgegeben ist, ist
möglich; denn die Angabe dieses Briefes, der $\alpha i \rho \varepsilon \tau i \varkappa \grave{o} \varsigma$ $\pi \acute{o} \lambda \varepsilon \mu o \varsigma$
im Orient dauere nun schon ins dreizehnte Jahr, passt auf das
Jahr 376 — oder 372.[4]) Welche dieser beiden Möglichkeiten
angenommen wird, ist bei der Inhaltlosigkeit der ep. 242
ziemlich irrelevant. Doch wird Gelegenheit sein, auch die
zweite Möglichkeit ins Auge zu fassen, wenn wir nun nach
Besprechung der Jahre 373—377 die vor dem Tode des
Athanasius und vor dem Bruche B.'s mit Eustathius liegenden
Verhandlungen B.'s mit dem Occident ins Auge fassen.

Ein offizieller Gesandter ist in diesen Jahren freilich von
den Gesinnungsgenossen des Basilius noch nicht geschickt
worden; Tillemont und Garnier haben irrig angenommen, dass

---

sein (vgl. ep. 214 und 216), die Basilius in nicht bestellten Briefen (vgl.
ep. 237, 1) dem Eusebius mitgeteilt hatte. Dazu passt der Unmut gegen
die Abendländer, den ep. 239, 2 zeigt, vortrefflich.

[1]) Denn 377 grüssen die Orientalen die Abendländer „abermals" durch
Dorotheus und Sanctissimus (ep. 263, 1 p. 405 A; vgl. oben S. 39).

[2]) Ep. 239, 2.

[3]) Garniers (26, 1) Gegengründe gegen Tillemont (IX, 220) sind nicht
einleuchtend. Der Name des Sanctissimus, sein Umherreisen im Orient
und namentlich ep. 253 p. 389 B: $\varkappa \alpha i$ $\gamma \grave{\alpha} \varrho$ $\tau \tilde{\omega} \nu$ $\mu \grave{\varepsilon} \nu$ $\check{\alpha} \lambda \lambda \omega \nu$ $\check{\varepsilon} \varkappa \alpha \sigma \tau o \varsigma$
$\ddot{\omega} \sigma \pi \varepsilon \varrho$ $\grave{\varepsilon} \xi$ $\dot{\eta} \mu \iota \sigma \varepsilon \acute{\iota} \alpha \varsigma$ $\dot{\eta} \mu \tilde{\iota} \nu$ $\dot{\alpha} \pi \acute{\eta} \gamma \gamma \varepsilon \iota \lambda \varepsilon \nu$ $\varkappa \alpha i$ $\tau \grave{\alpha} \varsigma$ $\gamma \nu \acute{\omega} \mu \alpha \varsigma$ $\tau \tilde{\omega} \nu$ $\dot{\varepsilon} \varkappa \varepsilon \tilde{\iota} \sigma \varepsilon$ (d. h. im
Occident) $\dot{\alpha} \nu \delta \varrho \tilde{\omega} \nu$ $\varkappa \alpha i$ $\tau \grave{\eta} \nu$ $\varkappa \alpha \tau \acute{\alpha} \sigma \tau \alpha \sigma \iota \nu$ $\tau \tilde{\omega} \nu$ $\pi \varrho \alpha \gamma \mu \acute{\alpha} \tau \omega \nu$ spricht entschieden
für Tillemonts Vermutung, und das „$\acute{o} \sigma \alpha$ $\varkappa \alpha \tau \acute{\varepsilon} \lambda \alpha \beta \varepsilon \nu$ $\dot{\varepsilon} \nu$ $\tau \tilde{\eta}$ $\delta \acute{\upsilon} \sigma \varepsilon \iota$" in ep. 255
p. 390 B tötet sie nicht. Ein antiochenischer Presbyter (Garnier) war
Sanctissimus gewiss nicht — was sollte dann die Empfehlung ep. 253! —;
wenn er ein Orientale war, so war er lange im Occident gewesen und
spielte nun, zurückgekehrt, den Friedensstifter auf eigene Hand.

[4]) Dass die Rechnung vom Januar 360 ab, möglich ist, hätte nicht
bestritten werden dürfen (Rade, Damasus S. 105; vgl. dagegen Basilius
ep. 251, 2); doch kommt man von da ab mit dem $\tau \varrho \iota \varsigma \varkappa \alpha \iota \delta \acute{\varepsilon} \varkappa \alpha \tau o \nu$ $\check{\varepsilon} \tau o \varsigma$ nie
mit Tillemont ins Jahr 373, sondern ins Jahr 372.

der Plan einer Romreise des Dorotheus, von dem Basilius in ep. 68 und 69 an Meletius und Athanasius schreibt, zur Ausführung gekommen sei: ep. 215 spricht nicht dafür;[1]) ep. 243 deutet mit keinem Worte an, dass Dorotheus schon einmal in Rom war; der, wie gleich erhellen wird, jüngste Brief der Orientalen vor 373, ep. 90, weiss zwar von einem Briefe der Abendländer an Athanasius und von der Ankunft des occidentalischen Diakonen Sabinus, aber nichts von Sendung und Rückkehr des Dorotheus, und in der mit ep. 90 gleichzeitigen ep. 89 leitet B. aus dem Kommen des Sabinus die Notwendigkeit ab, dass nun auch von orientalischer Seite jemand nach Rom gehe; — weder Dorotheus noch irgend ein anderer ist vor 373 von Seiten des Basilius und seiner Freunde nach dem Abendlande geschickt,[2]) Verhandlungen aber sind schon in dieser Zeit geführt worden. Die relative Chronologie derselben ist klar; ep. 66, dann 68, 69 + 67 und 70, dann 82, dann 90, 91, 92, 89 folgen sich[3]) in so engem Zusammenhange, dass

---

¹) Vgl. oben S. 40 Anm. 5.

²) So mit Recht und mit obigen Gründen Ernst S. 629.

³) Dass von den Briefen 66, 67, 69, 82 an Athanasius der Brief Nr. 66 der früheste ist, zeigt sein Inhalt (vgl. Ernst S. 627). Von den übrigen, die sämtlich den Dorotheus erwähnen, ist ep. 69, die Erwiderung auf die durch einen Presbyter Petrus überbrachte Beantwortung der ep. 66, der älteste. Mit Recht hat das Ernst schon daraus gefolgert, dass Dorotheus in ep. 69 mit den Worten: Δωρόθεον, τὸν διάκονον τῆς ὑπὸ τὸν τιμιώτατον ἐπίσκοπον Μελέτιον ἐκκλησίας förmlich eingeführt wird, während ep. 67 ihn nur als ὁ αὐτὸς οὗτος ὁ ἀγαπητὸς συνδιάκονος ἡμῶν, ep. 82 als ἀδελφὸς Δωρόθεος, ὁ συνδιάκονος ἡμῶν erwähnt. Ep. 66 ist, da Dorotheus hier gar nicht genannt wird, schwerlich von ihm bestellt worden; die förmliche Vorstellung des Dorotheus in ep. 69 spricht auch dagegen. Schon deshalb kann ep. 67 nicht ein Nachtrag zu ep. 66 sein, wie Tillemont und Garnier annehmen. Noch entscheidender spricht ep. 69, 2 gegen diese Annahme: nach ep. 67 wäre die sehr allgemeine Haltung dessen, was ep. 69, 2 über die antiochenischen Verhältnisse sagt, unverständlich. Dennoch ist (trotz Ernst S. 626) ep. 67 ein Nachtrag — der Wortlaut des Briefes nötigt zu dieser Annahme —; aber dieser Nachtrag gehört zu ep. 69, nicht zu ep. 66. Gleichzeitig mit ep. 69 ist (trotz Ernst S. 634 f.) ep. 68: Dorotheus geht über Antiochien, wo Meletius weilt, nach Alexandrien. Die Gleichzeitigkeit der epp. 68 und 69 folgt daraus, dass hier (ep. 69, 1 p. 162 D) wie dort (ep. 68 p. 161 B) aus den gleichen Gründen der Seeweg für die Occidentalen empfohlen wird. Dass Dorotheus nach ep. 69, 1 ein Schreiben B.'s an den römischen Bischof mit nach Alexandrien nimmt, nach ep. 68 ein ὑπο-

mit unnötigen Verhandlungspausen nicht gerechnet werden darf: sind 89—92, die nach ep. 89 einige Zeit vor Ostern geschrieben sind, Ostern des Jahres x verfasst, so muss, da

μνηστικόν bei sich trägt, das Meletius durchsehen soll (Ernst S. 635), lässt sich leicht zurechtlegen und ist um so weniger ein Gegengrund, da der betreffende Brief B.'s an den römischen Bischof — die allgemeine Annahme, dass derselbe in ep. 70 vorliege, hat m. E. durch Ernsts Gegengründe an Wahrscheinlichkeit nicht verloren — in einer noch unfertigen Form (ohne Adresse) auf uns gekommen ist. Ep. 82 ist dem Dorotheus, als er mit ep. 68, 69 + 67 und 70 abgereist war, alsbald nachgeschickt, oder — was des Winters wegen (vgl. ep. 69, 2 p. 163 B) unwahrscheinlich ist — nach seiner Rückkehr von ihm noch so früh bestellt worden, dass Dorotheus noch vor Ostern des neuen Jahres wieder bei Basilius war; denn ep. 89 an Meletius (vgl. 89, 2 p. 180 DE) spielt offenbar auf das an, was Athanasius auf ep. 82 geantwortet hat. Doch ist diese Antwort des Athanasius samt dem ihr beigelegten Briefe der Occidentalen an Athanasius nicht der einzige Anlass für ep. 89 gewesen: der Mailänder Diakon Sabinus war aus dem Occident gekommen mit einem Briefe der Occidentalen — es ist dies zweifellos die von 93 in Rom versammelten Bischöfen zunächst an die Illyrier gerichtete ep. „Confidimus" oder „Credimus" (Mansi III, 443 f. = 455 ff. = 459 f.; vgl. mit ihrem Inhalt Bas. ep. 90, 2 fin. und Mansi III, 460 A mit Bas. ep. 90, 1 p. 181 C) —; Basilius hatte anlässlich dessen ep. 90, 92, 91 und einige andere verlorene Briefe in den Occident abgeschickt (vgl. ep. 89, 1; der hier erwähnte Brief „πρὸς τοὺς Ἰλλυρικούς" ist, wie auch Tillemont IX, 171 f. annimmt, ep. 90, der „an die Bischöfe in Italien und Gallien" ist ep. 92, ep. 91 einer der an Einzelne gerichteten) und sandte nun wahrscheinlich Abschriften dieser Briefe dem Meletius mit. Ernsts (S. 639) Gegengründe gegen die Zusammengehörigkeit von ep. 92 mit 90 und 91 treffen nur die [von Garnier ungenau wiedergegebene] Hypothese Tillemonts, dass ep. 92 der nach ep. 89, 1 von Meletius zu expedierende und von ihm auch entworfene Brief an die Occidentalen sei; und Ernsts positive Annahme, dass der auch in ep. 92 genannte Sabinus eben zweimal in den Orient gekommen sei (S. 640), ist nicht nur künstlich und unbeweisbar, sondern bei dem Fehlen jeder weiteren Spur dieser zweiten Gesandtschaft unwahrscheinlich, ja, wenn epp. 89, 90 und 91, wie oben gezeigt werden soll, ins Jahr 372 gehören, unmöglich, weil Basilius nach 372 Theodot und Eustathius nicht friedlich unter den Absendern zusammengestellt hätte. — Ob Meletius der Bitte der ep. 89, einen Brief an die Occidentalen zu diktieren (ὑπαγορεύειν), überhaupt gefolgt ist, und ob, wenn dies geschah, der betreffende Brief abgesandt ist, das wissen wir nicht. Ep. 242 könnte dieser Brief oder — und das würde ich vorziehen — ein von Basilius mitgeschickter Entwurf für denselben sein (vgl. oben S. 41 Anm. 4); ja dafür würde sprechen, dass in ep. 242 kein Ueberbringer genannt ist: ep. 242 scheint geschrieben zu sein, ehe man wusste, durch wen man ihn expedieren sollte. — Wie es kommt, dass ep. 92, obwohl die Romreise des Dorotheus, von der ep. 68 und 69 reden, nicht zustandegekommen ist (vgl. oben S. 42), Zeit für sie also nicht freigehalten zu werden braucht, ep. 68 mit 69 + 67 und 70 in den Spätherbst des Jahres x-1, ep. 66, da Basilius nach ep. 69, 2 schon für das Jahr x-1 [vergeblich] einen Erfolg der Verhandlungen, d. i. eine Gesandtschaft der Occidentalen, erwartet hatte, ins Frühjahr x-1 gesetzt werden.

Diese relative Chronologie in die absolute umzusetzen, haben wir folgende Anhaltspunkte: a) ep. 67 ist nach dem Tode des Silvanus von Tarsus geschrieben.[1]) b) Ep. 92 ist vor Sommer 372, vor den Scenen in Getasa und Nikopolis (vgl. oben S. 26) geschrieben; anderenfalls hätte Basilius nicht zugleich den Namen des Theodot und des Eustathius in die Adresse aufgenommen. c) Die Briefe der Orientalen oder des Basilius ($\tau\grave{\alpha}$ $\dot{\eta}\mu\tilde{\omega}\nu$), die Evagrius Sommer 373 mit zurückbrachte, sind offenbar epp. 90, 91, 92 (und eventuell 242) gewesen; denn andere Briefe, die gemeint sein könnten, kennen wir nicht; die Bitten der ep. 69 [und 70] waren durch Sabinus und seine Sendung beantwortet. d) Meletius ist zur Zeit der ep. 68 noch in Antiochien;[2]) zur Zeit der ep. 89 ist er bereits

---

sie von Basilius verfasst ist (vgl. ep. 89, 1), als von 32 Bischöfen abgesandt sich darstellt, wissen wir nicht. Doch ist die Vermutung Garniers (22, 4 p. CX bA), dass die namenreiche Absenderliste „librariorum incuria" anstatt vor ep. 90 vor ep. 92 geraten sei, unnötig. Es handelt sich ja nicht um Unterschriften, sondern um eine Absenderliste. Und bei solchen war man nicht bedenklich darin, ohne expressen Auftrag die Namen von Gesinnungsgenossen mit zu verwenden (vgl. ep. 68 p. 161 C). Möglich wäre auch, dass B. nur in der Abschrift der ep. 92 für Meletius diesem zur Direktive die Namen der heranzuziehenden Gesinnungsgenossen angegeben hätte. Vielleicht hat gerade diese Zusammenfügung der Namen des Theodot [Meletius] und Eustathius Anlass zu den Streitigkeiten des Sommers 372 gegeben (vgl. oben S. 25).

[1]) Vgl. ep. 67 fin. p. 160 E: $\dot{\omega}\varsigma$ $\delta\eta\lambda o\tilde{\iota}$ $\tau\grave{\alpha}$ $\gamma\varrho\acute{\alpha}\mu\mu\alpha\tau\alpha$ $\tau\grave{\alpha}$ $\delta\iota\grave{\alpha}$ $\tau o\tilde{v}$ $\mu\alpha\kappa\alpha$-$\varrho\acute{\iota}o v$ $\Sigma\iota\lambda o v\alpha v o\tilde{v}$ $\varkappa o\mu\iota\sigma\vartheta\acute{\epsilon}v\tau\alpha$ $\dot{\eta}\mu\tilde{\iota}v$. Die Annahme Ernsts (S. 652), die in diesen Worten vorausgesetzte Rückkehr des Silvanus aus dem Occident (im Jahre 367) liege zur Zeit der ep. 67 noch nicht weit zurück, verkennt die Bedeutung des $\mu\alpha\kappa\acute{\alpha}\varrho\iota o\varsigma$.

[2]) Tillemont VIII, 766 b meint, der Brief gäbe keinen Anhalt, um zu entscheiden, ob Meletius damals schon verbannt war. Allein wäre Meletius damals bereits in Armenien gewesen, wo er, wie B.'s Briefe zeigen, während dieses seines dritten Exils lebte, so würde in ep. 68 das Ausser-

verbannt und wird schon in Armenien gewesen sein.[1]) Nun
kennen wir freilich die Zeit der dritten Verbannung des
Meletius nicht genau — vor 370 kann sie nach der Chronologie des Lebens des Chrysostomus nicht angesetzt werden[2]) —;
allein, wenn Meletius, durch das Edikt des Valens, das die
unter Konstantius Exilierten vertrieb, zum zweiten Male verbannt,[3]) nachher, offenbar begünstigt durch die politischen
Wirren (Erhebung des Prokop), auf eigene Gefahr zurückgekehrt war, so ist kaum anzunehmen, dass er Antiochien
verlassen hat, ehe das abermalige Kommen des Kaisers in den
Orient ihn dazu nötigte. Valens aber zog Sommer 371 durch
das westliche Kleinasien, war Epiphanias 372 in Caesarea und
am 13. April 372 in Antiochien.[4]) Da nun ep. 89 spätestens
Ostern 372 geschrieben ist (vgl. b), so muss Meletius spätestens
Anfang 372 aus Antiochien gewichen sein; wahrscheinlich ist's
schon in der zweiten Hälfte des Jahres 371 geschehen.[5]) e) Zur
Zeit der ep. 68 war es „noch unklar", was die politischen
Verhältnisse für Caesarea bedeuten würden: Euhippius war
zwar schon gekommen, hatte aber noch nichts verlauten lassen.
Unzweifelhaft passt dies am besten auf die Situation im Herbst
371 (vgl. oben S. 34). — All diesen chronologischen Anhalts-
punkten entspricht es — und durch das Zusammentreffen von
c, d und e wird die Argumentation zwingend —, wenn man

gewöhnliche der Reiseroute des Ueberbringers Dorotheus — über Armenien
nach Alexandria! — hervortreten. Ueberdies berichtet B. am Schluss
des Briefes dem Meletius über Vorgänge in Armenien.

[1]) Basilius teilt hier dem Meletius brieflich seine Erfahrungen mit
Athanasius mit; denn Dorotheus hat auf der Rückkehr von Alexandria
Antiochien zwar berührt, aber Meletius dort nicht mehr angetroffen; nun
reist er über Caesarea zu ihm und soll ihm u. a. auch über die Verhältnisse in Antiochien (τὰ δὲ κατὰ τὴν ἀνατολήν) berichten.

[2]) Tillemont VIII, 360 u. 766 b.

[3]) Vgl. Gwatkin S. 267 f.; meinen Artikel „Arianismus" in der Real-
Encyklopädie von Hauck II, 41; Tillemont VIII, 765.

[4]) Vgl. oben S. 34 Anm. 3.

[5]) Die Schwierigkeit einer Reise nach Armenien im Winter (vgl.
Bas. ep. 156, 2 p. 246 A) begründet diese Wahrscheinlichkeit. Richtig daher
Tillemont X, 526 (noch bestimmter als VIII, 766): 371 oder Anfang 372.
Gwatkin S. 243 (vgl. not. 3) setzt die dritte Verbannung des Meletius in
die Zeit, da Valens nach Antiochia kam; doch rückt er damit zuweit ins
Jahr 372 hinein.

ep. 66 im Frühjahr 371, epp. 68, 69 + 67, 70 und bald nachher ep. 82 im Herbst 371, epp. 89, 90, 91, 92 [und event. 242] Ostern 372 geschrieben sein lässt. Die durch Basilius vermittelten Verhandlungen über ein Hereinziehen des Occidents in die Wirren des Orients haben also Anfang 371 begonnen und sind ohne bedeutende Resultate fortgeführt, bis Evagrius im Sommer 373 den Orientalen ihre Briefe zurückbrachte und Unterschrift eines von den Occidentalen selbst entworfenen Schreibens forderte.[1]) Dann stockten die Verhandlungen;[2]) auch 374 ist auf dem Gebiete der Beziehungen zwischen den Occidentalen und den Jungnicänern nichts passiert.[3]) Was hat die Sache 375[4]) wieder angeregt? Der Rat des Eusebius von Samosata (vgl. S. 38 Anm. 4) und — der Eifer des Sanctissimus, der damals, nicht schon 373 oder 374,[5]) den Orient durchwanderte.

---

[1]) Ep. 138, 2 p. 230 A.

[2]) Vgl. oben S. 40 Anm. 4.

[3]) Das folgt daraus, dass der rege Briefwechsel B.'s mit Amphilochius von Ikonium, der Ende 373 oder Anfang 374 mit B.'s Gratulation zu A.'s Amtsantritt (ep. 161) beginnt, nichts derart erkennen lässt. Die Zeit der ep. 161 ist durch die Chronologie der Eustathius-Angelegenheit schon bestimmt: erst zur Zeit der ep. 138 (Sommer 373) ward der Bischofsstuhl von Ikonium vacant (vgl. Garnier, vita 30, 1).

[4]) Ep. 215.

[5]) Tillemont (IX, 219 ff.) und Garnier (vita 26, 1) datieren freilich die Briefe 120, 121 u. 129, welche Reisen des Sanctissimus voraussetzen, auf das Jahr 373. Allein ausser den schon oben (S. 29 f.) geltend gemachten Gründen, spricht entscheidend dagegen, dass Eusebius von Samosata im Frühling 376 anscheinend noch nichts von Sanctissimus weiss (ep. 239, 2; vgl. oben S. 38). Eusebius war doch gewiss einer der ἐπίσημοι: wäre Sanctissimus vor Eusebs Verbannung im Orient herumgereist, so hätte er auch Eusebius besucht! Nun ist Eusebius noch zur Zeit der ep. 162 nicht verbannt; ep. 162 aber ist längere Zeit nach Ostern 374 geschrieben (vgl. ep. 138 und oben Anm. 3 mit der mit 162 gleichzeitigen ep. 163); Eusebs Verbannung [der ep. 166, 167, 168 bald folgten] fällt also in den Sommer 374. Epp. 120 und 121 können also frühestens im Frühjahr (vgl. ep. 121 init.) 375 geschrieben sein. Dieser Termin ist aber auch zugleich der späteste, der möglich ist, weil Theodot von Nikopolis, der Adressat von ep. 121, bereits Ende 375 starb (vgl. oben S. 17). Im Frühjahr 375 war in der That der Winter lang, wie ep. 121 es sagt (vgl. ep. 198, deren Abfassung nach Ostern 375 durch die Zeit der Verbannung Eusebs sicher gestellt ist), und eine Zeit, in der Basilius trotz der schweren Krankheit, die er im Winter 374 auf 375 überstanden hatte, nicht von seiner Krankheit

Damit sind nun alle irgendwie auf Eustathius bezüglichen
Basilius-Briefe datiert, und zwar absichtlich (vgl. oben S. 5
Anm. 2) ohne jede Rücksicht auf die umstrittene Frage nach

zu reden brauchte, ist auch im Frühjahr 375 zu finden (vgl. ep. 201 und
die Erwähnung eines Rückfalls in die Krankheit ep. 202; dazu oben S. 22).
Nur ein Bedenken bleibt: ep. 129 init. *ἤδειν, ὅτι ξενίσει τὴν ἀκοὴν τῆς
τελειότητός σου τὸ νῦν ἐπιφυὲν ἔγκλημα τῷ πάντα εἰπεῖν εὐκόλῳ Ἀπολλιναρίῳ. καὶ γὰρ οὐδὲ αὐτὸς τὸν πρὸ τούτου χρόνον ἤμην ἐπιστάμενος
ἔχειν* (korrupt; *ἐπιστήμην ἔχων?* oder *ἐγώ* statt *ἔχειν?*) scheint Garnier mit
Recht bestimmt zu haben, den Brief in das Jahr des Bruches mit Eustathius
zu versetzen.   Denn dass Basilius einst an Apollinaris einen Brief geschrieben hatte, war eine Anklage, die Eustathius gleich bei Abbruch der
Kirchengemeinschaft gegen Basilius erhob (vgl. ep. 244, 3), und echte und
fingierte apollinaristische Aeusserungen voll kräftiger Irrtümer müssen schon
mit der ep. ad Dazizam verbreitet worden sein (ep. 131, 1 p. 223 D).   Allein
es ist, soviel ich sehe, nicht erweislich, dass der Hinweis auf das angebliche
Sabellianisieren des Apollinaris, um das es in ep. 129 sich handelt, bereits
zu jenen schon 373 geltend gemachten Anklagen gehörte. Das σύνταγμα,
das ep. 129, 1 citiert und das im Wesentlichen identisch sein mag mit der
von Leopold Sebastiani 1796 edierten „Epistola ad Apollinarem", ist von
dem in ep. 223, 4 p. 339 B, 224, 2 p. 343 B, 226, 4 p. 348 E und 244, 3
p. 378 B erwähnten Briefe B.'s an Apollinaris zu unterscheiden, gehört
vielmehr zu den ῥήματα αἱρετικά, die man nach ep. 226, 1 p. 342 C den
Schriften gegen Basilius anonym — der Titel bei Sebastiani: Βασίλειος
Ἀπολλιναρίῳ ist also apokryph — anhängte.   Ep. 227 stammt aus dem
Jahre 375.   Dass damals „Sabellius-Aussprüche" von der Partei des
Eustathius im Umlauf gehalten wurden, ist auch sonst erweislich (vgl.
ep. 223, 6: ἐκεῖνα τὰ Σαβελλίου ῥήματα, ἅπερ αὐτοὶ περιφέρουσι);
gewiss nicht ohne Nebenabsicht polemisierte Basilius damals so energisch
gegen die sabellianisierenden Gedanken, die in Neu-Caesarea aufgetaucht
waren (epp. 207 und 210).   Allein selbst wenn jene Anklage auf Sabel-
lianismus gegen Apollinaris und damit (trotz ep. 125, 1 p. 215 BC) indirekt
gegen Basilius schon im Jahre 373 erhoben wäre, — ep. 129 brauchte
dennoch nicht schon in diesem Jahre geschrieben zu sein.   Denn das νῦν
(ep. 129 init.: τὸ νῦν ἐπιφυὲν ἔγκλημα) ist weiterer Anwendung fähig.
Und nach ep. 244, 4 (vgl. 136, 2 und 138, 1) ist es überhaupt wenig
wahrscheinlich, dass B. über seinen Bruch mit Eustathius sich alsbald
brieflich ausgesprochen habe.   Nicht einmal die Briefe an Eusebius be-
sprechen die Angelegenheit.   Nur ein Brief, der sicher ins Jahr 373 gehört,
redet von der Sache: ep. 131, an einen alten Freund B.'s in Neu-Caesarea,
Olympius.   Dieser hatte dem B. die ep. ad Dazizam mitgeteilt; da konnte
B. nicht schweigen.   Der Brief 129 an Meletius und ebenso 130 an Theodot
sind überdies von den Adressaten erst excitiert worden: Meletius hat dem
B. seine Verwunderung über den gegen Apollinaris erhobenen Vorwurf
ausgesprochen, Theodot sich beklagt, dass B. ihm über die Eustathius-

der Zeit des bischöflichen Amtsantrittes des Basilius. Es kann nun umgekehrt von den Briefen' auf die bischöfliche Amtszeit des Basilius zurückgeschlossen werden. Basilius ist schon im Frühjahr 371 Bischof gewesen: ep. 66 setzt das m. E. voraus, und Gregor von Nazianz spricht von den Bemühungen des Basilius um den allgemeinen Kirchenfrieden unzweifelhaft als von Ruhmesthaten seines Episkopats[1]) —; andererseits ist ep. 266 sehr wahrscheinlich nicht vor Ende 377 oder Anfang 378 geschrieben,[2]) und ep. 269 ist vielleicht aus noch späterer

---

Angelegenheit nicht geschrieben habe, seit er Nikopolis verlassen hatte, um zu Eustathius sich zu begeben. Bei ep. 130, die Garnier wohl mit Recht für gleichzeitig mit ep. 129 hält, ist offenbar, dass seit jener Abreise B.'s aus Nikopolis schon viel Zeit vergangen ist: das Gerücht hat die Kunde von dem Bruch zwischen B. und E. schon überall hin getragen. Auch bei ep. 129 scheint die gleiche Annahme ganz unbedenklich. Ich setze deshalb epp. 129 und 130 in den Sommer 375, epp. 120 und 121, die dem Sanctissimus mitgegeben sind, in den Frühling des gleichen Jahres. Auch die übrigen Briefe des Basilius, die Sanctissimus ihren Adressaten überbrachte, nicht nur 132 (von Garnier ins Jahr 373 gesetzt), sondern auch 253, 254, 255 und 256 (von Garnier in die Zeit nach der Rückkehr des Sanctissimus aus dem Occident im Jahre 376 verlegt, obwohl sie von einem durch Sanctissimus überbrachten Briefe nichts sagen) scheinen mir mit Tillemont (IX, 220) gegen Garnier (36, 5) demselben Jahre wie epp. 120 und 121, also meiner Meinung nach dem Jahre 375, zugewiesen werden zu müssen. Dann verschwinden auch zwei Schwierigkeiten, die Garniers Datierung drücken: ep. 253, an die Presbyter in Antiochien, fällt dann vor epp. 214 und 216, vor die Anerkennung des Paulinus durch die Abendländer — nach diesem Ereignis wäre der Ton der ep. 253 schwer verständlich —, und die Wunderlichkeit ist aus der Welt geschafft, dass nach der Rückkehr des Dorotheus und Sanctissimus es nun mit einem Male Sanctissimus allein ist, der die Mühen des Reisens auf sich genommen hat (vgl. Rade, Damasus S. 110 und oben S. 39 Anm. 2).

[1]) Greg. Naz. or. 43, 41 ff., Migne 36, 549 ff.

[2]) Dass das Urteil des Petrus von Alexandrien über Meletius und Eusebius, das Basilius in diesem Briefe beklagt (ep. 266, 2), dem Dorotheus bei seiner zweiten Anwesenheit in Rom ausgesprochen ist, kann fast zwingend bewiesen werden. Schon ep. 263 macht durch ihr Schweigen über diese Beleidigung, wie durch ihr Urteil über Paulinus, den Rivalen des Meletius, dies überaus wahrscheinlich. Fast zwingend ist, was Basilius in ep. 266, 2 über Dorotheus schreibt. Würde Basilius diese Bemerkung, dass Dorotheus als Gesandter sich nicht geschickt genug erwiesen hätte, zu einer Zeit gemacht haben, da Petrus ihn alsbald abermals in Rom als Gesandten treffen musste?

Zeit.[1])　Da nun Basilius im neunten Jahre seines Episkopats[2]) am 1. Januar[3]) starb, so muss Basilius im Laufe des Jahres 370 Bischof geworden und am 1. Januar 379 gestorben sein. Seine Weihe hat wahrscheinlich im Spätsommer stattgefunden.[4])

---

[1]) Theodoret h. e. 4, 33 ed. Gaisford p. 384 lässt den Arinthaeus, über dessen Tod Basilius in ep. 269 die Witwe tröstet, noch in des Kaisers Umgebung sein, als dieser im Frühling 378 in Konstantinopel weilte (vgl. Garnier 13, 4 p. LXXXIII bD und 38, 2 p. CLXIX sq.). Doch lässt der legendarische Charakter dieser Nachricht Theodorets einen sicheren Schluss nicht zu. Ueber ep. 268 (Sommer 377) s. Garnier, vita 38, 2 p. CLXIX D.

[2]) Greg. Nyss. vita Macr. Migne 46, 973 C und Greg. Naz. Epitaph. Bas. v. 45 Migne 38, 75 A.

[3]) Garnier, vita 40, 3 fin. Usener (Religionsgeschichtliche Untersuchungen I, 250 Anm. 27) polemisiert dagegen, dass man den Basiliustag des Heiligenkalenders als Todestag des Basilius ausgebe. Die Angabe des Martyrol. Rom. zum 1. Januar: „Caesareae in Cappadocia depositio S. Basilii episcopi, cujus celebritas XVIII Kal. Jul., qua die ordinatus fuit episcopus, potissimum recolitur" könne der Wahrheit entsprechen; man habe die feierliche Beisetzung vielleicht absichtlich auf die Kalenden des Januar verlegt. Allein keines der beiden hier kombinierten — und, kombiniert, einander nur abschwächenden — Argumente erscheint mir stichhaltig. Dass die Basiliusfeier einen Ersatz für die Lustbarkeiten der Kalenden bieten konnte, lässt es nur als möglich erscheinen, dass der Tag absichtlich gewählt ist; die Wirklichkeit dieser Möglichkeit ist, da schon Gregor von Nyssa die Basiliusfeier am 1. Januar kannte, unwahrscheinlich. Auch Usener nimmt, wenn er eine beabsichtigte Planmässigkeit in der Anordnung der kappadozischen Festtage in der mit Weihnachten beginnenden Woche behauptet, den Basiliustag doch aus. Allein die halbe Aufrechterhaltung der Planmässigkeit, welche die Annahme darstellt, man habe die Beisetzungsfeierlichkeit, deren Gedenktag der 1. Januar sei, absichtlich auf diesen Tag verlegt, ist m. E. nicht glücklich. Denn die Angabe des offiziellen Martyr. Rom. geht auf Usuard zurück, der zum 1. Januar bemerkt (ed. Soller p. 1): „In Caesarea Cappadociae depositio sancti Basilii episcopi, cujus celebritas XVIII Kal. Jul. potissimum recolitur" und zum 14. Juni (p. 335): „Apud Caesaream Cappadociae natalis S. Basilii." Beide Notizen scheinen Parallelnotizen zu sein: Ado (ed. Georgius p. 274 zum 14. Juni) hat nur die letztere Ueberlieferung, die auch im Martyr. Rom. vetus (ed. Rosweyde p. 12) vorliegt. Um so weniger ist es wahrscheinlich, dass in dem indirekt gewiss auf griechische Ueberlieferung zurückgehenden Eintrage Usuards zum 1. Januar „depositio" etwas anderes bedeuten soll als „dies mortis".

[4]) Die Notiz des offiziellen Martyrol. Rom., dass Basilius am 14. Juni ordiniert sei, scheint nichts als ein harmonistisches Fündlein zu sein (vgl. die vorige Anm.), dem zuviel Ehre angethan ist, wenn es von Tillemont

Dies Resultat bestätigt sich — um von den mit den
Basilius-Briefen nicht zusammenhängenden Argumenten hier
ganz abzusehen [1]) — in den Briefen noch von einer anderen
Seite her: durch die Briefe 27, 31 und 34. Ep. 34 ist, da sie
den Tod des Silvanus von Tarsus, der zur Zeit der ep. 67
schon weiter zurückliegt, als ein Ereignis der jüngsten Ver-
gangenheit voraussetzt, früher geschrieben als ep. 67 (Herbst
371). Mithin kann das am Schluss der ep. 34 erwähnte
Zusammentreffen B.'s mit Eusebius von Samosata nicht mit
Tillemont in dem Besuche wiedergefunden werden, den B. 372
(vgl. oben S. 31) in Samosata machte. Im Jahre 371 hat B.
den Eusebius nicht gesehen (vgl. oben S. 30 f. Anm. 6 fin.);
nach E.'s Anwesenheit in Caesarea im Jahre 370 ist ep. 48
geschrieben (vgl. oben a. a. O.); das früheste Jahr für ep. 34 ist
also 369. Andrerseits ist ep. 34 nach 367 geschrieben; denn
damals erst kam Silvanus von Tarsus von seiner occidentalischen
Reise zurück. Nun gehört aber ep. 34 anscheinend in eine Reihe
mit ep. 27 und 31; denn schon in dem Spätherbst des Jahres,
dem ep. 27 angehört, beklagt Basilius, dass ihn Krankheit, dann
der Anfang des Winters und eine Hungersnot am Reisen ge-
hindert hätten, und dieses Behindertsein durch die Hungersnot
dauert noch im Frühling des neuen Jahres an (ep. 31). Es ist
demnach ep. 27 im Spätherbst 368, ep. 31 im Frühling, ep. 34
im Herbst 369 geschrieben.[2]) Nun fällt nach dem Bericht

(IX, 657 ff.) und mit Tillemonts Gründen von Garnier (vita 13, 4 p. LXXXIV)
bekämpft wurde. Doch ist Tillemonts Hauptargument, dass in Bas. ep. 47
= Greg. Naz. ep. 42 Migne 37 p. 88 Eusebius von Samosata gebeten werde,
zur Einsetzung B.'s vor dem Winter nach Caesarea zu kommen, einleuchtend. Freilich bietet der Text Garniers statt προλαβεῖν [τὰ ἐκ τοῦ
χειμῶνος δυσχερῆ]: προσλαβεῖν (p. 141 C); allein das προλαβεῖν des Textes
der ep. 42 Gregors von Nazianz wird, wie mein Herr Kollege Blass mir
zu versichern die Güte hatte, die richtige Lesart sein.

[1]) Vgl. Tillemont IX, 654 ff.; Garnier, vita 13, 4; Rade, Damasus
S. 114 Anm. 1; G. Rauschen, Jahrbücher der christlichen Kirche unter dem
Kaiser Theodosius, Freiburg 1897, S. 476 f.

[2]) So auch Garnier (vita 12, 2. 3), während Tillemont (IX, 210 ff.) die
Briefe ins Jahr 373 setzt. Ob Garnier aber Recht hat, wenn er auch die
ziemlich gleichzeitigen Briefe 28, 29 und 30 in die gleiche Zeit setzt
(vita 12, 2—4), erscheint mir fraglich. Denn dass die Briefe 28 und 29
der Bischofszeit B.'s entstammen, hält Tillemont, wie mir scheint mit
Recht, für das Wahrscheinlichste (IX, 216 f.), und von der Hungersnot,

Gregors von Nazianz [1]) die Hungersnot in die vorbischöfliche
Zeit des Basilius, und ep. 34 trug in dem von Garnier benutzten
cod. Harlaeanus die Ueberschrift $E\dot{v}\sigma\varepsilon\beta\dot{\iota}\omega$ $\dot{\varepsilon}\pi\iota\sigma\varkappa\dot{o}\pi\omega$ $\pi\varrho\varepsilon\sigma$-
$\beta\dot{v}\tau\varepsilon\varrho\circ\varsigma$ $\ddot{\omega}v$. Beide zusammenstimmenden Angaben bezeugen
demnach, dass Basilius 368 und bis in den Herbst 369 hinein
noch Presbyter war. Da nun Eusebius von Samosata im Jahre
370 schon den Bischof Eusebius in Caesarea besuchte,[2]) fällt
B.'s bischöflicher Amtsantritt in die Zeit zwischen Herbst 369
und Herbst 370, und zwar, da zwischen dem Tode seines Vor-
gängers und seiner Erhebung eine längere Zeit verstrichen

die epp. 27 und 31 erwähnen, finde ich trotz Garnier in diesen Briefen
keine Spur. Ueberdies fällt nach Gregor von Nyssa (vita Macr. Migne
46, 972 D) die Hungersnot noch in das Leben der Emmelia hinein, deren
Tod ep. 30 beklagt. In den Jahren 373 und 372 sind die Briefe freilich
auch nicht unterzubringen (s. Garnier 12, 4). Doch weshalb nicht 371?
Dann hindert nichts — denn der Winter, der die Reise nach Samosata
verbot (ep. 30), liegt schon längere Zeit zurück —, das Kalenderdatum
des Todes der Emmelia (30. Mai) beizubehalten (gegen Garnier 12, 3):
ep. 28 und 29 könnten in das Frühjahr, ep. 30 in den Juni 371 gesetzt
werden. Auch ep. 65 bildet keine Gegeninstanz, obgleich Garnier (26, 6)
wohl mit Recht annimmt, dass Atarbius Bischof von Neu-Caesarea, also
der Nachfolger des Musonius war: da im Juni der neue Bischof von
Caesarea schon seit einiger Zeit bestellt war (ep. 30 p. 110 C), so könnte,
auch wenn ep. 28 und 30 ins Frühjahr 371 gehören, ep. 65 dennoch recht
wohl mit Garnier in den Herbst desselben Jahres gesetzt werden.

[1]) Or. 43, 35. 36, Migne 36, 544 f.
[2]) Ep. 48. Wenn Eusebius der Aufforderung des alten Gregor von
Nazianz, zur Einsetzung B.'s nach Caesarea zu kommen (ep. 47), überhaupt
Folge geleistet hat, so wird man (trotz Ernst S. 659) bei der alten Ansicht
bleiben müssen, dass der in ep. 48 erwähnte Besuch E.'s eben dieses
Kommen E.'s ist. Ernsts Gegengründe machen das nicht unmöglich —
das Schisma ist mit B.'s Weihe geboren und wahrscheinlich in Abwesenheit
der kappadozischen Bischöfe; als sie kamen, konnten sie es „fest machen" —,
und die Nachricht Gregors von Nazianz: $\varkappa\iota\nu\varepsilon\tilde{\iota}$ [$\tau\dot{o}$ $\pi\nu\varepsilon\tilde{v}\mu\alpha$ $\tau\dot{o}$ $\ddot{\alpha}\gamma\iota\sigma\nu$] $\dot{\varepsilon}\varkappa$
$\tau\tilde{\eta}\varsigma$ $\dot{v}\pi\varepsilon\varrho\sigma\varrho\dot{\iota}\alpha\varsigma$ $\tau\sigma\dot{v}\varsigma$ $\chi\varrho\dot{\iota}\sigma\sigma\nu\tau\alpha\varsigma$, $\ddot{\alpha}\nu\delta\varrho\alpha\varsigma$ $\dot{\varepsilon}\pi$' $\varepsilon\dot{v}\sigma\varepsilon\beta\varepsilon\dot{\iota}\alpha$ $\gamma\nu\omega\varrho\dot{\iota}\mu\sigma\nu\varsigma$ (or. 43, 37
Migne 36, 545 C) macht es doch überaus wahrscheinlich, dass Eusebius der
Bitte des alten Gregor gefolgt ist. Freilich zeigt sich in ep. 48 keine
Spur davon, dass B. dem Eusebius sein Bistum dankte. Allein B. kann
Gründe gehabt haben, dem Ueberbringer, den er mit Mühe erlangt hatte,
Gedanken und Gefühle derart nicht anzuvertrauen. — Ueber die Jahreszeit
der Weihe B.'s ist der ep. 48, selbst wenn man annimmt, dass Eusebius
zur Wahl und Weihe B.'s gekommen sei, nicht erst nach derselben, m. E.
nichts Genaueres zu entnehmen, als oben im Text (S. 49) gesagt ist.

4*

sein muss — das beweist ep. 47 —, mithin das Jahr 370 heran-
gekommen sein wird, B. aber am 1. Januar starb, ohne die
Vollendung seines neunten Amtsjahres erlebt zu haben, in die
Zeit zwischen Ende Frühling und Herbst 370.

Auf weitere mit Eustathius gar nicht zusammenhängende
Briefe des Basilius einzugehen, ist hier zwecklos, auch für
die gesamte Chronologie der Basilius-Briefe ohne Bedeutung.
Dass mit den im Obigen für die wichtigsten Briefe gewonnenen
Resultaten ein chronologischer Rahmen gegeben ist, dem die
übrigen datierbaren Briefe sich leicht einfügen lassen, möge
eine tabellarische Zusammenstellung der erzielten Ergebnisse
verdeutlichen:

368 Spätherbst: ep. 27 (oben S. 50).
369 Frühling: ep. 31 (S. 50).
     Herbst: ep. 34 (S. 50).
370 Hochsommer: ep. 47 (S. 49 f. Anm. 4).
371 Anfang: ep. 48 (S. 30 f. Anm. 6).
     Frühjahr: ep. 66 (S. 42—46).
         „   epp. 28 u. 29 (S. 50 f. Anm. 2).
     Juni: ep. 30 (S. 50 f. Anm. 2).
     Herbst: ep. 65 (S. 50 f. Anm. 2); 68, 69 + 67, 70
          (S. 42 ff.).
         „   etwas später: ep. 82 (S. 43 Anm., vgl. S. 46).
372 vor Ostern: epp. 90, 91, 92, 89 (S. 42—46).
             ep. 242 (? S. 41 Anm. 4 u. S. 43 Anm.).
     Mai: ep. 95 (S. 24 ff.; 31).
     Mitte Juni von Sebaste aus: ep. 98 (S. 25 Anm. 2).
     Juli oder August aus Satala: ep. 99 (S. 27 Anm. 1).
         „   „   „   „   Armenien: ep. 100 (S. 30 Anm. 6).
     Herbst: ep. 105 (S. 33 Anm. 2).
373 Anfang (oder Ende 372): ep. 119 (S. 33 f.).
     Mitte Juni: ep. 126, 127 (S. 27—31).
     ep. 128 (S. 32 f.).
     ep. 125 (S. 32).
     ep. 133 (S. 31 Anm. 2).
     ep. 102 u. 103 (S. 29 f. vgl. mit S. 46 Anm. 5).
     Sommer: ep. 138 (S. 30).
     Herbst: ep. 139 (S. 31 Anm. 2).
     Spätherbst: ep. 156 (S. 31 Anm. 3).

374 Anfang: ep. 161 (S. 46 Anm. 3).
nach Ostern: epp. 162, 163 (S. 46 Anm. 5).
Spätsommer: epp. 166, 167, 168 (S. 46 Anm. 5).
375 Frühling: epp. 198, 200 (S. 22 u. S. 46 Anm. 5).
    „   ep. 201 (S. 47 Anm.).
    „   epp. 120, 121, 122, 132, 253—256 (S. 28 ff.
u. S. 46 ff. Anm. 5).
Frühsommer: ep. 202 (S. 47 Anm. u. S. 22).
Sommer: ep. 129 u. 130 (S. 46 ff. Anm. 5).
Spätsommer: epp. 203, 204, 207 (S. 21).
    „   epp. 210 u. 212 (S. 20 f.).
Herbst: epp. 214—218 (S. 21).
Spätherbst: epp. 223, 224 (S. 19).
Dezember: Synode zu Ancyra (S. 12 Anm. 7), Theodot
von Nikopolis gestorben (S. 17).
    „   ep. 225 (S. 9 Anm. 2).
    „   epp. 226 (S. 19), 227—230 (S. 13—17).
    „   ep. 231 (S. 9 u. S. 12 Anm. 4).
376 Januar: ep. 232 mit 233—236 (S. 8 Anm. 3).
Frühling: Synode in Nyssa (S. 12 Anm. 8).
    „   Die Galater in Sebaste, ep. 237 (S. 11).
epp. 238 (S. 13 ff.), 239 (S. 8—17).
Frühsommer ep. 243 (S. 41).
Sommer: Synode in Cyzicus, ep. 244 (S. 17 f.).
epp. 246 u. 247 (S. 16 Anm. 6).
ep. 250 (S. 8 Anm. 2).
Ende Dezember: ep. 251 (S. 7; vgl. S. 12 Anm. 8).
377 Sommer: ep. 263 (S. 39).
ep. 268 (S. 49 Anm. 1 fin.).
378 Anfang, oder Ende 377: ep. 266 (S. 48).
ep. 269 (S. 49 Anm. 1).